青少年健身及体能训练实例指导

主　编：吴　键

副主编：袁圣敏　李志诚　汪巧琴

北京体育大学出版社

策划编辑：韩培付
责任编辑：曹晓燕
责任校对：仝杨杨
版式设计：水分子

图书在版编目（CIP）数据

青少年健身及体能训练实例指导 / 吴键主编. -- 北京：北京体育大学出版社, 2025.9

ISBN 978-7-5644-4041-1

Ⅰ. ①青… Ⅱ. ①吴… Ⅲ. ①青少年－健身运动－基本知识②青少年－体能－身体训练－基本知识 Ⅳ. ①G883②G808.17

中国国家版本馆CIP数据核字(2024)第040518号

青少年健身及体能训练实例指导
QINGSHAONIAN JIANSHEN JI TINENG XUNLIAN SHILI ZHIDAO　　吴　键　主编

出版发行：北京体育大学出版社
地　　址：北京海淀区农大南路1号院2号楼2层办公B-212
邮　　编：100084
网　　址：http://cbs.bsu.edu.cn
发 行 部：010-62989320
邮 购 部：北京体育大学出版社读者服务部 010-62989432
印　　刷：北京科信印刷有限公司
开　　本：710mm × 1000mm　　1/16
成品尺寸：170mm × 240mm
印　　张：8
字　　数：152千字
版　　次：2025年9月第1版
印　　次：2025年9月第1次印刷
定　　价：28.80元

前　言

儿童和青少年时期是人体发育的关键阶段，适当的身体锻炼对儿童和青少年的身心健康至关重要。然而，如何进行适宜、有效的运动对儿童和青少年来说常常是一种挑战。

本书围绕推动习近平新时代中国特色社会主义思想和党的二十大精神扎根农村、深入校园的主旨，深入把握儿童和青少年的身心特点和习惯，引导儿童及青少年通过适当的体育锻炼，形成强身健体的习惯，树立终身体育的思想，提高身体素质，促进德智体美劳全面发展，从而助力国家培养能担当民族复兴大任的新时代青少年。

本书结合国内外先进的健康理念、健身及运动方法，如青少年动作发展规律、身体运动功能训练理论等，开发了一套遵循青少年生长发育规律，适合在体育课堂、课余训练中组织实施，以维护和增进健康为核心目标的身体练习方法体系。

本书主要由体能训练、教学组织和测试评估三大部分组成。

（1）体能练习。

依照力量、速度、耐力、灵敏、协调、平衡和柔韧七个主题进行分类，在每个主题下，由若干典型动作组成。具有内容新颖、功能集中、针对性强等特点。

（2）教学组织。

依照单人练习、双人练习和团队练习三种形式进行分类，在每种练习形式下由各种典型的练习方法组成，主要供体育教师在课堂教学和训练中参考、采用，这些方法趣味性强，体现合作精神。其目的是激发儿童及青少年的学习兴趣、活跃课堂气氛。

（3）测试评估。

选择了象限双脚跳、单脚站立、垂直跳跃、侧向跳跃、快速脚步移动、侧抛实心球、跪抛实心球、来回奔跑、20 米冲刺跑、仿 YOYO 间歇跑等项目，分别用于测试灵敏性、平衡能力、腿部爆发力、上肢力量、协调性、耐力等体能素质。

本书所倡导的健身及体能训练理念科学、先进、系统化，所提供的练习方法易学、易练、好掌握，是儿童及青少年居家锻炼或体育教师在体育课堂上教学的好帮手。本书所提供、设计的内容，遵循儿童及青少年的生长发育、身心成长规律，密切联系走、跑、跳、投掷、攀登、爬越、悬垂和支撑等身体基本活动能力，以发展身体各项功能，提高身体素质为重点。同时，结合学校田径、体操等项目教学实际，贴近学生、贴近课堂，实用性强。

本书设计的内容，在方法上尽可能做到趣味性强、娱乐性强，适合儿童及青少年的年龄特点，同时，为了方便教学与训练，本书最大限度降低使用场地、器材的难度，以自主练习为主体。

目　　录

第一章 体能训练

一、力量练习

练习1：平举振臂

练习功能：主要发展肩部肌群力量及肩胛的稳定性，辅助发展上背部肌群力量。

练习器材：无。

预备姿势：练习者两脚左右站立与肩同宽，两手臂侧平举，两眼平视前方（图1-1）。

练习步骤：练习者以肩关节为轴，先进行上下小幅度振臂再进行前后小幅度振臂，然后进行顺时针绕环，最后进行逆时针绕环。

图1–1

练习要领：练习者在练习的过程中保持身体直立，收紧腹部和臀部。每组做15 ~ 20次。

拓展练习：

1. 练习者半蹲姿势练习此动作。

2. 练习者单腿站立练习此动作。

练习 2：平板支撑

练习功能：发展核心肌群力量及身体的稳定性和平衡性。

练习器材：瑜伽垫。

预备姿势：练习者俯卧于瑜伽垫。练习者两肘弯曲支撑在地面上，两上臂垂直于地面，两脚脚尖触地，两腿稍微分开，身体抬离地面，躯干伸直，头部、肩部、髋部和踝部约保持在同一平面（图 1-2）。

练习步骤：练习者腹肌和盆底肌收紧，脊柱延长，眼睛看向地面。

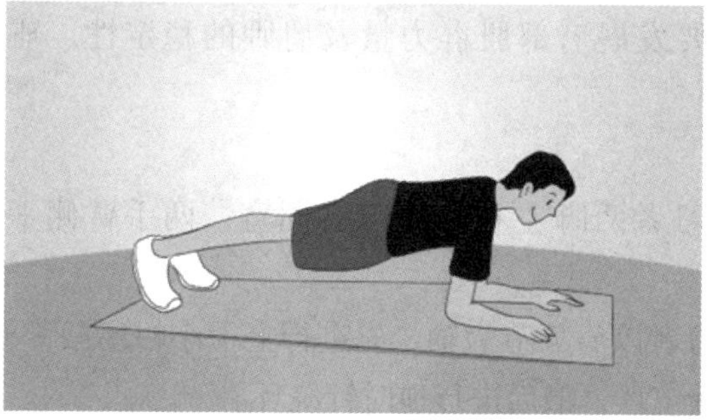

图 1–2

练习要领：练习者在练习的过程中将注意力放在腹部和腰部，要保持身体呈直线，不能塌腰或臀部拱起。练习时，要保持均匀呼吸。每组练习保持 30 ～ 60 秒。

拓展练习：

1. 如果练习者完成这个动作有困难，可先进行跪式平板支撑练习，降低动作难度。

2. 练习者保持平板支撑姿势，一只手臂抬离地面，并前伸至与躯干同一平面，保持 15 ～ 20 秒，再交换另一只手臂练习。练习时，注意保持身体的稳定。

3. 练习者保持平板支撑姿势，一只脚抬向上方或侧方，保持 15 ～ 20 秒，再交换另一只脚练习。练习时，注意保持身体的稳定。

4. 两名练习者相距两臂的距离，相对做平板支撑练习，每名练习者用一只手干扰对方。

5. 练习者以两肘为圆心，两脚向左（右）沿弧线移动画圆。

练习 3：俯撑摸膝

练习功能：发展核心肌群力量及身体的稳定性和平衡性。

练习器材：无。

预备姿势：练习者保持俯撑姿势，两手和两脚与肩同宽，两臂与地面垂直，躯干伸直，头部、肩部、髋部和踝部保持在同一平面（图 1-3）。

练习步骤：练习者用一只手触摸对侧腿的膝关节，然后换用另一只手触摸对侧腿的膝关节。

图 1–3

练习要领：练习者在练习的过程中不要低头和提臀。每侧练习 10 次。

拓展练习：

1. 练习者保持俯撑姿势，用一侧手臂的肘关节触碰对侧腿的膝关节。
2. 练习者保持俯撑姿势，用一侧手臂的肘关节触碰同侧腿的膝关节。

练习 4：跪式俯撑

练习功能：发展核心肌群力量及身体的稳定性和平衡性。

练习器材：瑜伽垫。

预备姿势：练习者保持跪撑姿势，两手、两膝和两脚撑地，两手、两膝和两脚与肩同宽，两臂、两大腿与地面垂直，上体伸直，头部、肩部、髋部保持在同一平面且与地面平行（图 1-4）。

练习步骤：练习者腹肌和盆底肌收紧，脊柱延长，眼睛看向地面。

图 1–4

练习要领：练习者在练习的过程中保持身体稳定，不能左右晃动。每次练习保持 1 ~ 2 分钟。

拓展练习：

1. 练习者一侧手臂抬离地面并前伸与上体保持在同一平面，保持 15 ~ 20 秒，交换另一侧手臂做练习。

2. 练习者一侧腿抬离地面并伸直与上体保持在同一平面，保持 15 ~ 20 秒，交换另一侧腿做练习。

练习 5：跪式平板支撑

练习功能：发展核心肌群力量及身体的稳定性和平衡性。

练习器材：瑜伽垫。

预备姿势：练习者俯卧于瑜伽垫。练习者两肘弯曲支撑在地面上，两上臂垂直于地面，两膝着地，稍微分开，两小腿向上翘起，上体平行于地面（图 1-5）。

练习步骤：练习者俯卧于瑜伽垫。练习者腹肌收紧，盆底肌收紧，脊柱延长，眼睛看向地面。

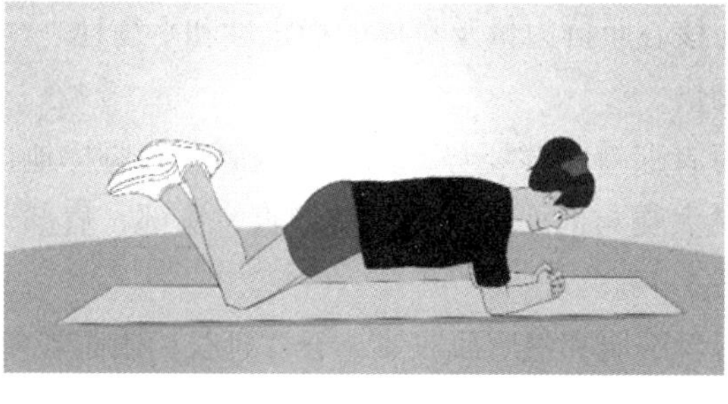

图 1–5

练习要领：练习者在练习的过程中保持均匀呼吸。每次练习保持 1 ~ 1.5 分钟。

拓展练习：

1. 练习者保持跪式平板支撑，一侧手臂抬离地面并前伸至与上体同一平面，保持 15 ~ 20 秒，交换另一侧手臂做练习。练习时，注意保持身体的稳定。

2. 练习者保持跪式平板支撑，一侧大腿向上方或向侧方抬起，保持 15 ~ 20 秒，交换另一侧大腿做练习。练习时，注意保持身体的稳定。

3. 练习者保持跪式平板支撑，一侧大腿抬起外展并屈膝 90°，保持 15 ~ 20 秒，交换另一侧大腿做练习。练习时，注意保持身体的稳定。

练习 6：跪式侧桥支撑

练习功能：发展核心肌群力量及身体的稳定性和平衡性。

练习器材：瑜伽垫。

预备姿势：练习者身体侧卧，位于下方的腿屈膝 90°，同侧手臂屈肘撑起身体，上臂与地面垂直；位于上方的腿伸直，同侧手臂紧贴体侧；躯干伸直，头部、肩部、髋部和大腿保持在同一平面（图 1-6）。

练习步骤：练习者腹肌和盆底肌收紧，脊柱延长，眼睛看向前方。

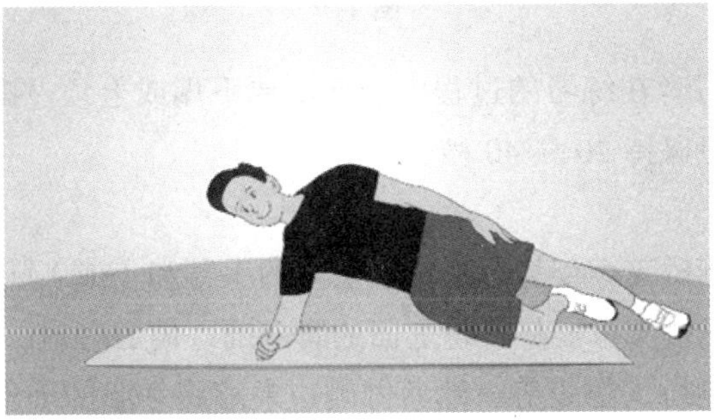

图 1–6

练习要领：练习者在练习的过程中髋部不要下塌或上顶过高，保持均匀呼吸。每侧练习保持 40 ~ 60 秒。

拓展练习：

1. 练习者保持跪式侧桥支撑姿势，将位于上方的手臂和（或）腿部抬起进行练习。

2. 练习者保持跪式侧桥支撑姿势，将位于上方的腿向前上方或后上方抬起，并勾脚尖，保持或上下进行动态练习。

练习 7：侧桥支撑

练习功能：发展核心肌群力量及身体的稳定性和平衡性。

练习器材：瑜伽垫。

预备姿势：练习者身体侧卧，一侧手臂屈肘撑起身体，上臂与地面垂直，另一侧手臂紧贴体侧，躯干伸直，头部、肩部、髋部和踝部保持在同一平面（图 1-7）。

练习步骤：练习者腹肌和盆底肌收紧，脊柱延长，眼睛看向前方。

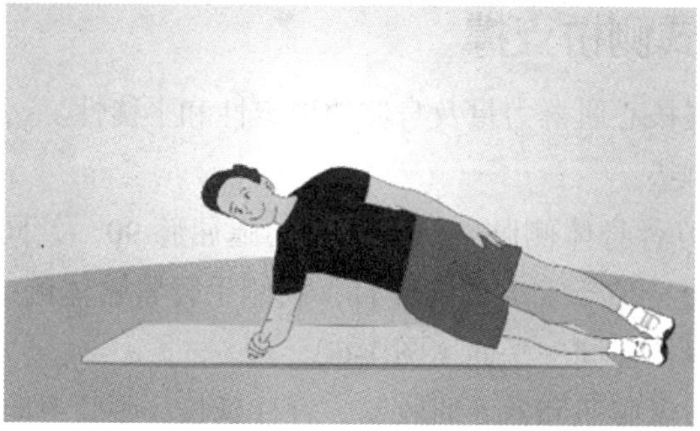

图 1–7

练习要领：练习者在练习的过程中髋部不要下塌或上顶过高；不要屏息，保持均匀呼吸。每侧练习保持 20 ~ 40 秒。

拓展练习：

1. 练习者保持侧桥支撑姿势，将位于上方的手臂和（或）腿部抬起进行练习。

2. 练习者保持侧桥支撑姿势，将上面的脚向前、向后触地，进行动态练习。

3. 练习者保持侧桥支撑姿势，然后做侧边卷缩腹斜肌的动作，快要触到地面时稍作停顿，然后返回到起始位置。

练习 8：背桥支撑

练习功能：发展核心肌群力量及身体的稳定性和平衡性。

练习器材：无。

预备姿势：练习者仰卧于瑜伽垫上，两腿屈曲且稍微开立，两小腿与地面垂直，两手臂置于身体两侧贴于地面（图 1-8）。

练习步骤：练习者抬起臀部和背部，两肩和头撑地，臀部收紧，躯干伸直，与大腿成一条直线。

图 1–8

练习要领： 练习者保持均匀呼吸。每次练习保持 30 ～ 60 秒。

拓展练习：

1. 练习者手臂交叉放于胸前做练习，或两脚脚尖勾起做练习，也可手臂交叉放于胸前和两脚脚尖勾起做练习。

2. 练习者保持背桥姿势，一条腿抬起、伸直并保持 5 秒，然后回到预备姿势，换另一条腿做同样的动作，左右交替进行。

3. 练习者保持背桥姿势，一条腿屈膝抬起，膝关节尽量向胸部贴近，然后回到预备姿势，换另一条腿做同样的动作，左右交替进行。

练习 9：俯卧——“I”字型

练习功能： 主要发展肩部肌群部分肌肉力量及肩胛的稳定性，辅助发展背部肌群力量。

练习器材： 无。

预备姿势： 练习者俯卧于瑜伽垫上，两臂伸直并贴近耳侧，与躯干形成“I”字型（图 1-9）。

练习步骤： 练习者两侧肩胛骨向内、向下收紧，两手臂上抬。

图 1–9

练习要领：练习者在练习的过程中保持腹部收紧，拇指向上，肩胛骨收紧后抬起手臂。每次练习保持 3 秒，每组练习为 10 次。

拓展练习：

1. 俯卧——Y 字型，两臂伸直，与躯干形成“Y”字型，再进行该练习。

2. 俯卧——T 字型，两臂侧平举，与躯干形成“T”字型，再进行该练习。

3. 俯卧——W 字型，两臂外展，两肘屈曲，与躯干形成“W”字型，再进行该练习。

4. 俯卧——TW 伸展，两臂先侧平举，然后两肘屈曲，与躯干形成“W”字型，然后再恢复至两臂侧平举，进行动态练习。

5. 将上身和手臂抬起，保持 40 ～ 60 秒，进行静态练习。

练习 10：蹲起

练习功能：发展下肢力量。

练习器材：无。

预备姿势：练习者两脚开立略宽于肩，两上臂前平举，前臂相叠，两眼平视前方（图 1-10）。

练习步骤：练习者屈膝下蹲，大腿约与地面平行，保持此姿势 5 秒，然后大腿和臀部用力，使身体恢复到直立。

图 1–10

练习要领：练习者在练习的过程中背部要平直，膝关节和肩关节不要超过脚尖，膝关节朝向正前方。每组练习做 20 次。

拓展练习：

1. 练习者在练习的过程中两手放在头后。

2. 练习者在练习的过程中两臂伸直上举或两手握木棍，木棍要始终保持在两脚的正上方，不能往前或往后伸。

3. 练习者做蹲起回到直立位的动作时可向上跳起。

4. 练习者可两脚并拢进行此项练习，增加对股四头肌的刺激。

5. 练习者可两脚分开较大距离进行此项练习，增加对髋内收肌群的刺激。

6. 两名练习者相对站立，在下蹲时一名练习者的右手握住另一名练习者的左手，然后两名练习者换手做练习。

练习 11：单脚蹲起

练习功能：发展下肢力量。

练习器材：无。

预备姿势：练习者单脚站立，身体保持直立，两手放于胸前以维持身体的平衡（图 1-11）。

练习步骤：练习者的支撑腿屈膝下蹲，大腿约与地面平行，保持此姿势 5 秒，支撑腿大腿和臀部用力，使身体恢复到直立。在练习的过程中悬空脚可以前伸或后伸。

图 1–11

练习要领：练习者在练习的过程中背部要平直，膝关节和肩关节不超过脚尖，身体保持稳定，不要晃动。每组练习做 10 次。

拓展练习：

1. 前后分腿半蹲跳。

2. 左右分腿半蹲跳。

3. 两名练习者面对面站立，手拉手，一起下蹲做该练习。

4. 在练习的过程中，练习者应保持此姿势向前或向左右两边传接球。

练习 12：屈膝弓箭步

练习功能： 发展下肢力量。

练习器材： 无。

预备姿势： 练习者呈站立姿势，两手十指紧扣置于胸前（图 1-12）。

练习步骤： 练习者一侧脚向后方或侧方跨一步并下蹲，然后回到直立，交换另一侧脚（图 1-12）。练习时，身体保持直立，腹部收紧，两眼平视前方。

（1）

（2）

图 1–12

练习要领： 练习者在练习的过程中身体保持稳定，膝关节不超过脚尖。每组练习做 10 次。

拓展练习：

1. 练习者做前、后、左、右 4 个方向的弓箭步练习。

2. 弓箭步交换跳练习。

3. 练习者在做弓箭步的下蹲动作后，两手持实心球或哑铃前平举，将上身转向左、右两侧。

4. 两名练习者配合完成弓箭步并传接实心球的练习。

练习 13：弹力带呈“Y”字上拉

练习功能：发展手臂、肩部和上背部肌肉力量。

练习器材：弹力带。

预备姿势：练习者两脚左右开立，与肩同宽，两脚踩于弹力带中部，两手握住弹力带两端置于身体两侧，眼睛平视前方。

练习步骤：练习者手握弹力带直臂外展，拉至肩关节上方，两臂与躯干成“Y”字型，停顿 5 秒，然后缓慢回到预备姿势，重复此练习（图 1-13）。

图 1–13

练习要领：练习者在练习的过程中保持腹肌收紧，身体稳定，两臂要始终用力，缓慢回到预备姿势。每组练习做 10 次。

拓展练习：

1. 练习者手握弹力带，直臂前屈拉至肩关节上方。
2. 练习者一只脚踩弹力带的一端，对侧手握弹力带向斜上拉。
3. 随着练习者肌肉力量的增加，练习者可逐渐改用阻力更大的弹力带。

练习 14：弹力带展翅拉

练习功能：发展手臂、肩部和上背部肌肉力量。

练习器材：弹力带。

预备姿势：练习者两脚左右开立与肩同宽，两手握弹力带两端前平举于胸前，两眼平视前方。

练习步骤：练习者握住弹力带拉至侧平举，停顿 5 秒，然后缓慢回到预备姿势，重复此练习（图 1-14）。

图 1–14

练习要领：练习者在练习的过程中保持腹肌收紧，身体稳定，两臂要始终用力，缓慢回到预备姿势。每组练习做 10 次。

拓展练习：

1. 随着练习者肌肉力量的增加，练习者在练习时可逐渐换阻力更大的弹力带。

2. 练习者将弹力带拉至侧平举位后，肩胛骨内侧的肌肉再用力将肩胛骨拉向脊柱方向。

3. 练习者单脚站立进行此练习，但要保证动作正确。

练习 15：弹力带卧推式前拉

练习功能：发展手臂和胸部肌肉力量。

练习器材：弹力带。

预备姿势：练习者两脚左右开立与肩同宽，两手握住弹力带两端（弹力带中间位于上背部），屈肘置于胸前，两眼平视前方。

练习步骤：练习者握住弹力带向身体前方平推至手臂完全伸直，停顿 5 秒，然后缓慢回到预备姿势，重复此练习（图 1-15）。

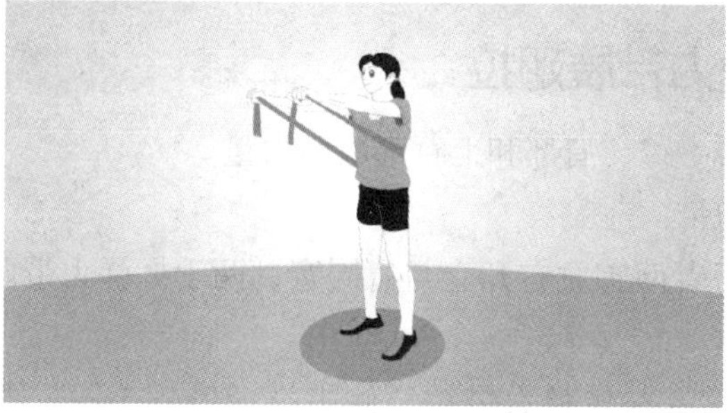

图 1–15

练习要领：练习者在练习的过程中保持腹肌收紧，身体稳定，两臂要始终用力，缓慢回到预备姿势。每组练习做 10 次。

拓展练习：

1. 随着练习者肌肉力量的增加，练习者在练习时可逐渐将阻力小的弹力带换成阻力大的弹力带。

2. 练习者可单脚站立进行此练习，但要保证动作正确。

练习 16：双人弹力带水平外拉

练习功能：发展手臂、肩部和上背部肌肉力量。

练习器材：弹力带。

预备姿势：两名练习者相隔 1 米，同方向并排站立，两脚左右开立与肩同宽，两名练习者外侧手抓住同一根弹力带的两端做前平举动作，眼睛平视前方。

练习步骤：两名练习者同时从手臂前平举拉至侧平举，停顿 5 秒，然后缓慢回到预备姿势，再进行下一次练习（图 1-16）。

图 1–16

练习要领：练习者在练习的过程中保持腹肌收紧，身体稳定，手臂要始终用力，缓慢回到预备姿势。每组练习做 10 次。

拓展练习：

1. 单脚站立练习，练习者同时抬起内侧脚或外侧脚进行此练习，但要保证动作正确。

2. 两名练习者在手臂侧平举到终末端后，肩胛骨内侧的肌肉用力将肩胛骨拉向脊柱方向。

3. 两名练习者在手臂侧平举到终末端后，可进一步将上身向外转。

4. 随着练习者肌肉力量的增加，练习者在练习时可逐渐将阻力小的弹力带换成阻力大的弹力带。

练习 17：双人弹力带水平内拉

练习功能： 发展手臂、胸部肌肉力量。

练习器材： 弹力带。

预备姿势： 两名练习者相隔 1 米，同方向并排站立，两脚左右开立与肩同宽，两名练习者内侧手抓住同一根弹力带的两端做侧平举动作，眼睛平视前方。

练习步骤： 两名练习者同时从侧平举拉至前平举，保持 5 秒，然后缓慢回到预备姿势，重复此练习（图 1-17）。

图 1–17

练习要领： 练习者在练习的过程中保持腹肌收紧，身体稳定，手臂要始终用力，缓慢回到预备姿势。每组做 10 次。

拓展练习：

1. 单脚站立练习，练习者可同时抬起内侧脚或同时抬起外侧脚进行此练习，但要保证动作正确。

2. 练习者可在拉至前平举后，进一步做屈肘 90° 动作。

3. 随着练习者肌肉力量的增加，练习者在练习时可逐渐将阻力小的弹力带换成阻力大的弹力带。

练习 18：双人双手弹力带上下拉

练习功能： 发展手臂、肩部和上背部肌肉力量。

练习器材： 弹力带。

预备姿势： 两名练习者相隔 1 米相对站立，两脚左右开立与肩同宽，两名练习者同时抓住两根弹力带的两端，屈肘置于胸前，眼睛平视前方。

练习步骤： 一名练习者伸直手臂下拉至髋部，另一名练习者伸直手臂拉至头上方，保持5秒，然后缓慢回到起始位置，两名练习者进行上下拉交换练习(图1-18)。

图 1–18

练习要领： 练习者在练习的过程中保持肩胛和腹部收紧，身体稳定，手臂要缓慢回到预备姿势，手臂要始终用力。每组练习做 10 次。

拓展练习：

1. 单脚站立练习，一名练习者抬起右（左）脚，另一名练习者抬起左（右）脚，或两名练习者同时抬起右（左）脚，但要保证动作正确。

2. 随着练习者肌肉力量的增加，练习者在练习时可逐渐将阻力小的弹力带换成阻力大的弹力带。

练习 19：双人单手弹力带上下拉

练习功能： 发展手臂、肩部和上背部肌肉力量。

练习器材： 弹力带。

预备姿势： 两名练习者相隔 1 米相对站立，两脚左右开立与肩同宽，一名练习者右手握住弹力带一端，另一名练习者左手握住弹力带另一端，眼睛平视前方。

练习步骤： 一名练习者伸直手臂下拉弹力带至髋部，另一名练习者伸直手臂上拉弹力带过头顶，保持 5 秒，然后缓慢回到起始位置，两名练习者上下拉交换练习（图 1-19）。

练习要领： 练习者在练习的过程中保持肩胛和腹部收紧，身体稳定，手臂要始终用力，缓慢回到预备姿势。每组每侧做 10 次。

图 1–19

拓展练习：

1. 练习者同时只用右（左）手抓住弹力带进行练习。

2. 单脚站立练习。练习者在练习时，握弹力带的同侧脚抬起进行练习，但要保证动作正确。

3. 随着练习者肌肉力量的增加，练习者在练习时可逐渐将阻力小的弹力带换成阻力大的弹力带。

练习 20：重量杆快速提拉

练习功能：发展核心力量与肌肉爆发力。

练习器材：重量杆。

预备姿势：练习者身体保持直立，两手握住重量杆两侧，自然下垂放于腹前，两脚打开比肩稍宽。

练习步骤：身体慢慢下蹲，重量杆贴着身体慢慢向下移至小腿前，然后慢慢蹲起。重量杆贴着身体慢慢移动至腹前，重量杆到达腹前后，快速地屈肘提拉重量杆至胸前，最后慢慢恢复至预备姿势（图 1-20）。

图 1–20

练习要领：下蹲时，两膝关节不超过脚尖。提拉重量杆时，身体重心往上移动，两脚后跟离地。

拓展练习： 屈肘提拉重量杆至胸前后，进行快速翻肘动作，再慢慢恢复至预备姿势。

练习 21：双手交叉握重量杆

练习功能： 发展上肢肌肉力量。

练习器材： 重量杆。

预备姿势： 练习者身体保持直立，两脚开立与肩同宽，两手伸直交叉竖握住重量杆。

练习步骤： 练习者两手依次交叉向上握住重量杆，握至顶端后，再依次向下交叉握住重量杆，以此循环练习（图 1-21）。

图 1–21

练习要领： 保持重量杆与地面垂直。

拓展练习： 练习者可半蹲做此练习，但要保证动作正确。

练习 22：双手交叉握重量杆转体

练习功能： 发展核心力量与上肢肌肉力量。

练习器材： 重量杆。

预备姿势： 练习者身体保持直立，两脚开立与肩同宽，两手胸前伸直交叉竖握重量杆。

练习步骤： 练习者先向左缓慢转体 90°，然后恢复至预备姿势，再向右缓慢转体 90°，以此循环练习（图 1-22）。

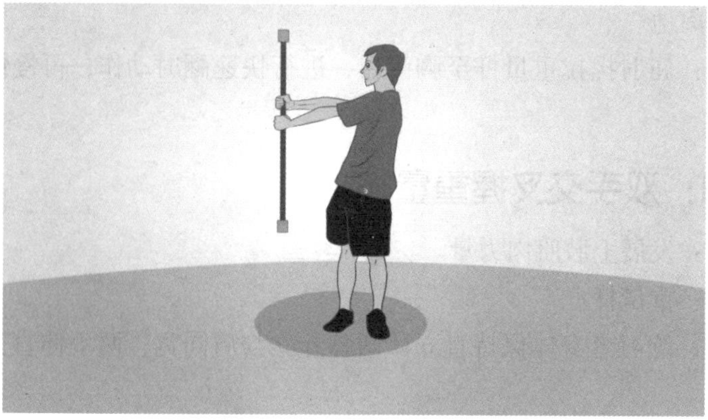

图 1–22

练习要领：手臂伸直，身体保持直立。

扩展练习：双人转体传重量杆（图 1-23）。

图 1–23

练习 23：双手交叉握重量杆蹲起

练习功能：发展下肢肌肉力量。

练习器材：重量杆。

预备姿势：练习者身体直立，两脚开立比肩稍宽，重量杆放于肩前，两手扶住重量杆保持平稳。

练习步骤：练习者两腿缓慢屈膝下蹲，蹲起后两手向上推举重量杆，最后还原成起始动作，以此重复练习（图 1-24）。每组练习 15 ～ 20 次。

图 1–24

练习要领：下蹲时腰背要挺直，不能弯腰；膝关节朝向正前方，下蹲时不超过脚尖。

扩展练习：

1. 练习者可两脚并拢进行该项练习，增加对股四头肌的刺激。

2. 练习者可两脚分开较大距离进行该项练习，增加对大腿内收肌群的锻炼。

3. 练习者蹲起时可向上跳起。

练习 24：双手交叉旋转握重量杆

练习功能：发展上肢肌肉力量。

练习器材：重量杆。

预备姿势：练习者身体直立，两脚开立与肩同宽，两臂前平举，两手握重量杆置于胸前。

练习步骤：练习者两手顺时针或逆时针交叉旋转握重量杆（图 1-25）。

图 1–25

练习要领：练习者旋转握重量杆时应由慢到快，匀速可控。

扩展练习：练习者可半蹲做此练习，但要保证动作正确。

练习 25：双手握重量杆弓步走

练习功能：发展肌肉耐力。

练习器材：重量杆。

预备姿势：练习者身体直立，两脚开立与肩同宽，重量杆放于肩后上方，两手扶住重量杆。

练习步骤：先左脚弓步向前迈出，然后起身同时向前右弓步，以此重复练习（图 1-26）。每组练习 15 ~ 20 次。

图 1-26

练习要领：上身保持平稳直立，后腿蹬地时尽量伸直。

扩展练习：

1. 练习者双手握重量杆原地弓步跳。
2. 练习者双手握重量杆侧向弓步走。
3. 练习者可将重量杆由放在肩后上方改成双手前平举握，再进行该练习。
4. 练习者可将重量杆由放在肩后上方改成用双手举过头顶，再进行该练习。

练习 26：头顶胯下传球

练习功能：用于肩部和腰部热身。

练习器材：排球或足球。

预备姿势：两名练习者背对背站立，大约相隔 3 脚的距离，两脚左右开立与肩同宽，一名练习者两手持球。

练习步骤：一名练习者弯腰将球从两腿间传给另一名练习者，另一名练习者接到球后先挺直上身，再弯腰从胯下将球传回，如此反复，完成规定次数（图 1-27）。

图 1–27

练习要领：练习者在胯下传球时尽量手臂伸直。

拓展练习：练习者背对背站立从身体左边或右边传球。

练习 27：双人单腿站立互抛球

练习功能：发展核心稳定性。

练习器材：排球或足球。

预备姿势：两名练习者相对单腿站立，相距大约 2 米，一名练习者两手屈肘持球，非持球练习者两手臂屈肘自然放于胸前（图 1-28）。

练习步骤：两名练习者相互传球。

图 1–28

练习要领：练习者在练习的过程中保持身体稳定。

拓展练习：

1. 练习者可旋转身体，从左边或右边相互传球。
2. 练习者可改变传球的力度和角度进行练习。

练习 28：单手持球前后分腿蹲

练习功能：发展下肢力量和核心稳定性。

练习器材：排球或足球。

预备姿势：练习者自然站立，两手持球并举过头顶，两眼平视前方。

练习步骤：练习者先向前跨一大步后下蹲，保证两腿膝关节弯曲 90°，然后恢复至起始姿势，再向后跨一大步后下蹲，两腿膝关节同样弯曲 90°（图 1-29）。完成规定次数后，换对侧腿练习。

图 1–29

练习要领：练习者在练习的过程中保持上体竖直稳定，收紧腹肌。

拓展练习：

1.练习者可两手前平举持球，下蹲后上体向左或向右旋转，然后再回到起始位置。
2. 练习者可以两人或多人练习，下蹲后相互传球，并可改变传球的力度。

练习 29：“V”字侧向抛球

练习功能：发展腹部肌肉力量。

练习器材：排球或足球、瑜伽垫。

预备姿势：练习者坐于瑜伽垫上，将腿和上体抬离地面成“V”字型，上体伸直，两腿微屈，两脚离地，两手自然放于胸前。另一名辅助练习者抱球站在练习者的左（右）侧大约 2 米处。

练习步骤：辅助练习者将球传给练习者，练习者两手接到球后，迅速将身体向右转，然后再向左转，最后抛给辅助练习者（图 1-30）。

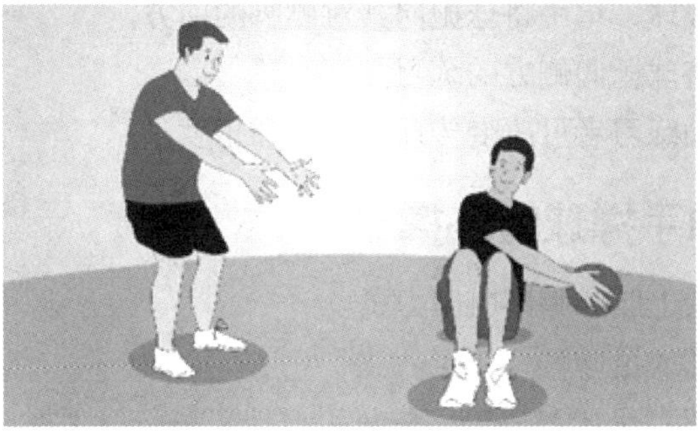

图 1–30

练习要领：练习者在练习的过程中手臂尽量放松，把球抛出去时速度要快。

拓展练习：

1. 练习者向左或向右转时，将球触碰到地面。
2. 辅助练习者可通过加大传球力度、改变传球角度等来增加练习的难度。

练习 30：仰卧起坐前抛球

练习功能：发展腹部肌肉力量。

练习器材：排球或足球、瑜伽垫。

预备姿势：练习者屈腿坐在瑜伽垫上，两腿左右分开与肩同宽，两手臂胸前屈曲时刻准备接球。辅助练习者两手持球屈肘举于头顶，站在练习者对面 1 ~ 2 米处。

练习步骤：辅助练习者两手把球举至头顶，然后抛向练习者。练习者接到球后迅速举起球后仰，后背触地，两脚抬起，然后迅速起身将球扔向辅助练习者（图 1-31）。重复练习，完成规定次数。

图 1–31

练习要领：练习者在练习的过程中腹肌收紧，向前抛球时身体保持稳定。

拓展练习：

1. 练习者单手接球，单手将球抛向其对侧脚的前方。

2. 练习者可做将球抛向侧方的练习。

3. 练习者和辅助练习者可改变传球的力度和角度。

练习 31：单手撑球俯卧撑

练习功能：发展上肢和胸部肌肉力量。

练习器材：排球或足球。

预备姿势：练习者呈俯撑姿势，一只手撑地，另一只手撑球，两手与两脚打开与肩同宽，两臂约与地面垂直，躯干伸直，头部、肩部、髋部和踝部保持在同一平面（图 1-32）。

练习步骤：练习者做俯卧撑，完成规定次数，交换手撑球。

图 1-32

练习要领：练习者在练习的过程中保持身体稳定，腹肌收紧。

拓展练习：

1. 练习者做完一个俯卧撑后将球滚向另一只手臂，做下一个俯卧撑，交替进行，完成规定次数。

2. 练习者两手可一前一后撑地，做俯卧撑练习。

3. 练习者抬起一侧腿，做俯卧撑练习。

4. 练习者改变两手之间的距离（或宽或窄），进行俯卧撑练习。

练习 32：双手持球下蹲

练习功能：发展下肢和腹背肌肉力量。

练习器材：排球或足球。

预备姿势：练习者站立姿势，两脚开立与肩同宽，两手持球于头部上方，两眼平视前方。

练习步骤：练习者下蹲，在下蹲的过程中两手持球直臂将球劈向身体的左下方，起立回到预备姿势（图 1-33）。重复此动作，完成规定次数，换侧练习。

图 1–33

练习要领：练习者在练习的过程中保持腹肌收紧。下蹲时，膝关节向正前方，且始终不超过脚尖。

拓展练习：练习者单腿站立，两手持球将球从非支撑腿的上方劈向支撑腿的侧下方。

二、速度练习

练习 1：左右移动摸脚

练习功能：主要发展练习者的速度素质，辅助发展练习者的平衡素质。

练习器材：无。

预备姿势：练习者两脚左右开立，约与肩同宽，两膝微屈，两臂微屈置于体侧，保持背部挺立，两眼平视前方。

练习步骤：首先向左移动，分 6 个节拍完成。第一拍，左脚向左横跨一步，约与肩同宽；第二拍，右腿屈膝抬起，然后，还原成预备姿势；第三、四拍重复；

第五拍，左脚再向左横跨一步；第六拍，右腿屈膝抬起，用左手触摸右脚内侧（图 1-34）。接着向右移动，同样分 6 个节拍完成，方法与向左移动一样，方向相反。

图 1–34

练习要领：练习者保持上体稳定，尤其在第五拍提膝摸脚时，不要塌腰，尽可能地抬高膝关节。

拓展练习：两人一组，面对面进行同步练习。

练习 2：双脚前后跳跃标志线

练习功能：主要发展练习者的速度素质，辅助发展练习者的协调素质。

练习器材：标志线。

预备姿势：练习者两脚开立，两手置于体侧，两眼平视前方。在两脚前画一条标志线（图 1-35）。

练习步骤：练习者以预备姿势准备开始动作，辅助练习者或教师给出“5”“10”“15”等数字口令，练习者双脚快速前后跳跃标志线（图 1-36）。跳跃的次数以辅助练习者或教师给出的口令为准，争取用最短的时间完成。

图 1–35

图 1–36

练习要领：注意两脚同时起跳，前脚掌落地。跳跃的过程中保持身体稳定，上肢做自然配合。

拓展练习：

1. 两人一组，面对面进行同步练习。
2. 练习者单脚进行此练习。
3. 练习者结合双脚左右跳跃标志线一起练习。

练习 3：双脚左右跳跃标志线

练习功能：主要发展练习者的速度素质，辅助发展练习者的协调素质。

练习器材：标志线。

预备姿势：练习者两脚开立，两手置于体侧，两眼平视前方。在右脚的右侧约 10 厘米处画一条标志线（图 1-37）。

练习步骤：练习者以预备姿势准备开始动作，辅助练习者或教师给出“5”“10”“15”等数字口令，练习者双脚快速左右跳跃标志线，跳跃的次数以辅助练习者或教师给出的口令为准（图 1-38）。

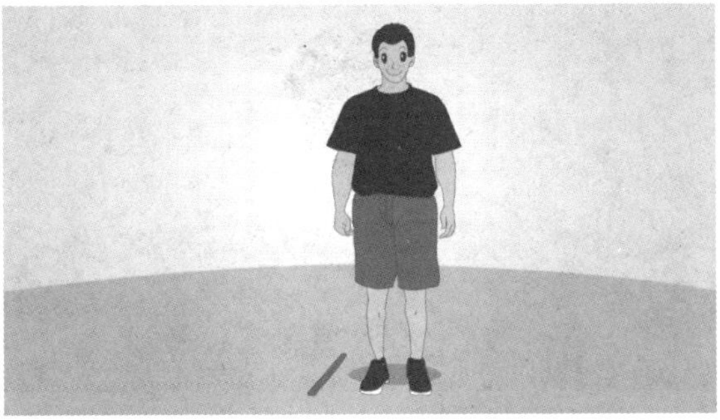

图 1–37

图 1–38

练习要领：注意双脚同时起跳，前脚掌落地。跳跃的过程中保持身体稳定。

拓展练习：

1. 两人一组，面对面进行同步练习。

2. 练习者单脚进行此练习。

3. 练习者结合双脚前后跳跃标志线一起练习。

练习 4：双脚开合跳跃标志线

练习功能：主要发展练习者的速度素质，辅助发展练习者的协调素质。

练习器材：标志线。

预备姿势：练习者两脚并立，两手置于体侧，两眼平视前方。在两脚的外侧约 10 厘米处画 2 条标志线（图 1-39）。

练习步骤：练习者以预备姿势准备开始动作，教师给出“5”“10”“15”等数字口令，练习者开始快速做开合跳，跳跃过标志线，跳跃的次数以教师给出的口令为准。

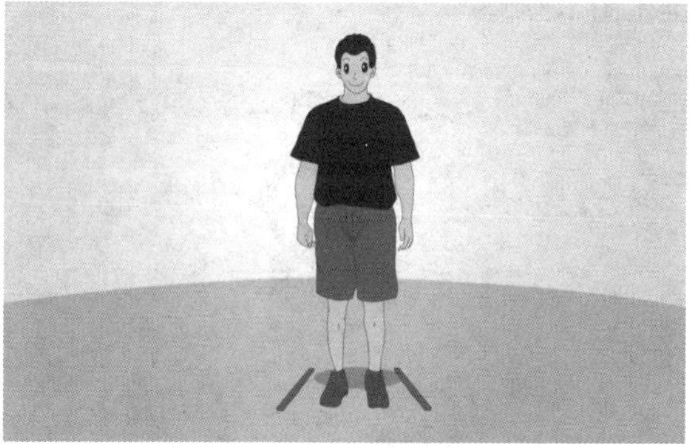

图 1–39

练习要领：注意双脚同时起跳，前脚掌落地。跳跃的过程中保持身体稳定。

拓展练习：

1. 两人一组，面对面进行同步练习。

2. 练习者在敏捷梯上进行该项练习。

3. 练习者在跳跃的过程中可配合上肢的运动，如手臂交替上举、手臂外展等，能同时锻炼身体的协调性。

练习 5：前后分脚跳跃标志线

练习功能：主要发展练习者的速度素质，辅助发展练习者的协调素质。

练习器材：标志线。

预备姿势：前后相距 20 厘米，平行画两条标志线。练习者两脚前后分开跨越两条标志线站立，两脚前脚掌着地，两眼平视前方（图 1-40）。

练习步骤：练习者以预备姿势准备开始动作，教师给出“5”“10”“15”等数字口令，练习者做前后分腿跳，跃过两条标志线，跳跃的次数以教师给出的口令为准。

图 1–40

练习要领：注意在跳跃的过程中两臂前后摆动，前脚掌落地，同时保持身体稳定。

拓展练习：

1. 两人一组，面对面进行同步练习。

2. 在跳跃的过程中练习者可加入髋关节旋转的动作，但同时保持身体稳定。

3. 在跳跃的过程中可配合上肢运动，如手臂交替上举、手臂外展等，能同时锻炼身体的协调性。

练习 6：三角碎步跨越标志线

练习功能：主要发展练习者的速度素质，辅助发展练习者的协调素质。

练习器材：标志线。

预备姿势：两脚开立约与肩宽，两手置于体侧，两眼平视前方。在两脚前方约 10 厘米处横向画一条标志线。

练习步骤：练习者以预备姿势准备开始动作，教师给出“5”“10”“15”等数字口令，练习者迅速开始做练习。练习步骤如下：从预备姿势开始，6 个节拍完成动作。第一拍，右脚向前越过标志线前脚掌点地；第二拍，左脚原地做前脚掌点地动作；第三拍，右脚向后越过标志线，还原成预备姿势做前脚掌点地动作；第四拍，左脚向前越过标志线前脚掌点地；第五拍，右脚原地做前脚掌点地动作；第六拍，左脚向后越过标志线，还原成预备姿势做前脚掌点地动作（图 1-41）。跨越标志线的次数以教师口令为准。

图 1–41

练习要领：注意在跨越的过程中两臂配合摆动，前脚掌落地，保持身体稳定。练习者的动作要尽可能快。

拓展练习：

1. 两人一组，面对面进行同步练习。

2. 在练习的过程中练习者可配合上肢的运动，如手臂交替上举、手臂外展等，能同时锻炼身体的协调性。

练习 7：快速滑步横移

练习功能：主要发展练习者的速度素质，辅助发展练习者的反应素质。

练习器材：锥形桶。

预备姿势：两个锥形桶左右相距4米放置。练习者在其中一个锥形桶后方站立，两脚左右开立略宽于肩膀，膝关节弯曲，上身前倾，两手置于膝关节前方，保持背部挺立，两眼平视前方（图1-42）。

练习步骤：教师发出开始指令后，练习者迅速滑步移动至另一个锥形桶后方，到达后，再迅速滑步返回至起始位置。教师可以用具体的数字作为口令，口令给出后，练习者做出相应数字的折返练习。

图1–42

练习要领：练习者要保持低身体重心，身体保持稳定，控制上下起伏和前后左右晃动的幅度，两臂配合保持平衡。

拓展练习：

1. 练习者用交叉步代替滑步进行练习。
2. 练习者用侧身跑代替滑步进行练习。
3. 两人一组，面对面进行同步练习。
4. 分组进行多人接力比赛，最先完成的一组获胜。

练习8：二减一前进跑

练习功能：发展练习者的速度素质。

练习器材：标志碟。

预备姿势：练习者在第一个标志碟右侧站立。

练习步骤：教师给出“开始”命令后，练习者身体重心迅速下降，呈半蹲起跑姿势。教师给出“开始”命令后，练习者迅速向前全速跑至第三个标志碟位置，然后急停，再迅速向后全速后退跑至第二个标志碟位置，再急停，然后再向前跑至第四个标志碟位置，急停后再向后后退跑至第三个标志碟位置，即每向前移动两个标志碟，则向后倒退一个标志碟，以二减一的模式进行速度练习（图 1-43）。

图 1–43

练习要领：练习者应以最快的速度进行移动，急停时要保持好平衡。

拓展练习：

1. 练习者可以以增加标志碟而加大训练强度，也可以采用三减二、三减一等方法。
2. 练习者可改为侧滑步或交叉步跑。
3. 练习者可分组进行多人接力比赛，最先完成的一组获胜。
4. 可要求练习者到达每一个标志碟时都要用手触碰标志碟。

练习 9：两人四点移动

练习功能：发展练习者的速度素质。

练习器材：标志碟。

预备姿势：练习者两人一组，选择正方形任意一条对角线顶点位置的两个标志碟站立。

练习步骤：教师给出“准备”命令后，练习者迅速降低身体重心，准备开始移动，教师给出“开始”命令后，两名练习者迅速按照顺时针的方向移动，移动的方式为：左右移动为滑步，向前移动为前进跑，向后移动为后退跑（图 1-44）。教师根据练习者体能情况适当安排移动的圈数。

图 1–44

练习要领：教师在安排分组时，要安排速度能力相近的练习者为一组。

拓展练习：练习者可以改变沿正方形每个边的移动方式为多种组合方式。例如，由左向右移动为侧向滑步，由右向左移动为侧向交叉步，向前移动为高抬腿跑，向后移动为后退跑。

练习 10：阻力跑

练习功能：发展练习者的速度素质。

练习器材：阻力带。

预备姿势：两名练习者一前一后站立，位于后方的练习者将阻力带套在前方练习者的腰上，并用两手紧握阻力带。

练习步骤：

1. 教师给出“开始”口令后，位于前方的练习者开始跑步，尽可能把步子迈大一些。位于后方的练习者向后拉紧阻力带，给前方的练习者提供阻力（图 1-45）。

2. 跑完 50 米后，前后练习者交换位置，再次进行练习。

图 1–45

练习要领： 位于前方的练习者尽可能把步子迈大，尽力向前跑。

拓展练习： 无。

三、耐力练习

（一）提高肌肉耐力的练习

练习 1：前后左右弓步

练习功能： 增强肌肉耐力。

练习器材： 无。

预备姿势： 身体保持直立姿势，两手自然放于身体两侧。

练习步骤： 先向身体正前方伸左腿做左弓步，蹲起后身体还原为预备姿势，再向身体左侧伸左腿做侧压腿，蹲起后身体还原为预备姿势，然后再向身体后方伸左腿做弓步，蹲起后还原为预备姿势，最后向身体右侧伸右腿做侧压，蹲起后还原为预备姿势（图 1-46）。换另一侧腿重复此动作，每组练习 10 次，共练习 3 ~ 5 组。

图 1–46

练习要领： 身体保持直立，手臂配合摆动。

拓展练习：

1. 练习者可两臂前平举、侧平举或上举进行该练习。

2. 练习者可手握哑铃进行该练习，增加负重。

3. 可让练习者排成一排，同时进行该项练习；在弓步下蹲后从第一名练习者向最后一名练习者依次转身传球，可使用实心球增加练习者的负重。

练习 2：前后左右分腿屈膝摸地

练习功能：增强肌肉耐力。

练习器材：无。

预备姿势：练习者两脚开立与肩同宽，两手自然放于身体两侧，两眼平视前方。

练习步骤：练习者先向左侧移动两步，右腿屈膝半蹲，用左手摸地，起来后，再向右侧移动两步，左腿屈膝半蹲，用右手摸地；起立后再向前小跑 3 步，右腿屈膝半蹲，用左手摸地；起立后向后小跑 3 步，左腿屈膝半蹲，用右手摸地，以此类推（图 1-47）。

图 1–47

练习要领：上体保持平稳。

拓展练习：无。

练习 3：屈膝转体上下摆臂

练习功能：增强肌肉耐力。

练习器材：无。

预备姿势：练习者两脚开立与肩同宽，两手自然放于身体两侧，两眼平视前方。

练习步骤：练习者先屈膝下蹲，两手伸直分别触摸右脚脚尖内侧与外侧，然后蹲起，身体直立，两手上举伸直；然后再屈膝下蹲，两手伸直分别触摸左脚脚尖内侧与外侧，然后蹲起，身体直立，两手上举伸直（图 1-48）。每组练习 15 ~ 20 次，共练习 3 ~ 5 组。

图 1–48

练习要领：全脚掌着地以保持身体平稳，蹲下后膝关节不超过脚尖，膝关节朝向正前方，不能内扣或外翻。

拓展练习：练习者蹲起恢复直立位时可向上跳起，然后再进行另一侧动作练习。

练习 4：俯撑抬手提脚

练习功能：提高肌肉耐力。

练习器材：无。

预备姿势：练习者保持俯撑姿势（图 1-49）。

练习步骤：先同时抬起右手与左腿，然后还原为俯撑姿势；再抬起左手与右脚，然后还原成俯撑姿势，最后做一个俯卧撑。每组练习 15 ~ 20次，共练习3 ~ 5组。

图 1–49

练习要领： 练习时，练习者腹部适当紧绷，腰背部保持与地面平行。

拓展练习：

1. 练习者可改变两手的位置，可与肩同宽、比肩宽、比肩窄、两手一前一后撑地等。

2. 练习者抬起一侧腿后，可再做髋外展并屈膝的练习，以增加对臀中肌的锻炼。

3. 练习者可进行行进间练习，即熊爬，前进时右手左脚或左手右脚一起动，可前后或左右来回爬行。

练习 5：波比跳

练习功能： 增强肌肉耐力。

练习器材： 无。

预备姿势： 练习者两脚开立，两手臂自然垂于两体侧，两眼平视前方。

练习步骤：

1. 听教师口令，腰部弯曲，将臀部向后方移动，向下蹲到两手可以刚好放在两脚前方的地面上。

2. 两脚蹬至身体后侧，使身体呈现俯撑姿势，做一个俯卧撑。

3. 将双腿卷曲回到身体下方呈深蹲动作姿势（图 1-50）。

4. 身体向上跳起，还原为预备姿势，即为完成一个完整的动作。

5. 每组练习 15 ~ 20 次，共练习 3 ~ 5 组。

图 1–50

练习要领： 下蹲时膝关节不超过脚尖，身体重心向后移；两手撑地后形成俯撑姿势，身体保持稳定，不要塌腰驼背；下蹲后两脚脚掌贴地，身体重心在两脚之间。

拓展练习：

1. 如果练习者做俯卧撑有困难，可先跳过这一步。
2. 做俯卧撑时，练习者可交替抬起一侧手臂，做划船动作。
3. 做俯卧撑时，练习者可交替抬起一侧腿。
4. 两脚快速回到身体下方时，练习者可屈膝收腿。
5. 练习者向上跳起时可抱膝跳起。
6. 向上跳起时可转身，然后在另一个方向继续做下一次动作。

练习 6：俯卧抬手抬脚

练习功能：增强肌肉耐力。

练习器材：无。

预备姿势：练习者俯卧于地面，两手向前伸直，抬头，两眼平视前方。

练习步骤：听教师口令，先同时把左手和右脚向上抬起，保持 10 秒后还原为预备姿势，然后再把右手和左脚同时向上抬起，保持 10 秒后还原为起始姿势（图 1-51）。每组练习 15 ～ 20 次，共练习 3 ～ 5 组。

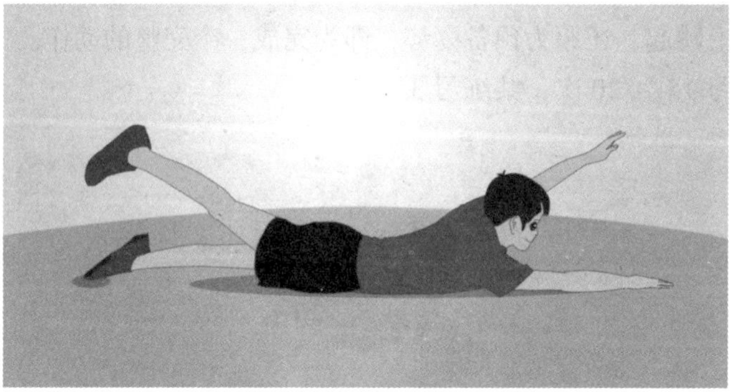

图 1–51

练习要领：练习者抬起手脚时尽量伸直抬高，腰部适当紧绷。

拓展练习：

1. 练习者可同时向上抬同侧手和脚。
2. 练习者可手握小哑铃进行该练习，增加练习的负荷。

练习 7：并脚前后左右跳跃

练习功能：增强心肺功能与肌肉耐力。

练习器材：无。

预备姿势：练习者两脚开立，两手臂平举，两眼平视前方。

练习步骤：听教师口令，练习者向前方跳跃 1 次后再跳回起点，依次向前后左右循环跳跃（图 1-52）。每组练习 1 分钟，每次练习 3 ～ 5 组。

图 1–52

练习要领：练习者上体保持直立平衡，并尽可能快地完成练习。

拓展练习：

1. 双人练习。两名练习者相对站立，两手握住同一根弹力带的两端，然后同时向后跳跃。以此类推进行向前后左右 4 个方向上的跳跃，从而增加练习的阻力。

2. 练习者可单脚跳跃进行练习。

3. 可在敏捷梯上进行该练习。

练习 8：蹲跳下砸手臂

练习功能：增强肌肉耐力。

练习器材：无。

预备姿势：练习者两脚开立，两手伸直上举，两眼平视前方。

练习步骤：听教师口令，两手臂向下砸，同时两脚向两侧打开，成半蹲姿势，以此循环练习（图 1-53）。

图 1–53

练习要领：练习者两手臂下砸时腹部收紧，同时往外吐气。

拓展练习：准备姿势时，练习者两手可自然垂于体侧，蹲跳时两手臂外展。

练习 9：俯撑提臀

练习功能：增强肌肉耐力。

练习器材：无。

预备姿势：练习者两手屈肘俯撑。

练习步骤：听教师口令，练习者提臀上翘，保持 3 秒后还原至准备姿势（图 1-54）。每组重复练习 15 ~ 20 次，每次练习 3 ~ 5 组。

图 1–54

练习要领：腰腹部保持适当紧绷，臀部上翘时脚尖向上发力，手臂支撑不动。

拓展练习：无。

练习 10：前后左右高抬腿摸脚练习

练习功能：增强心肺功能与肌肉耐力。

练习器材：无。

预备姿势：练习者两脚开立，两手自然垂于身体两侧，两眼平视前方。

练习步骤：听教师口令，向前小跑 2 步，屈膝抬右腿，用左手摸右脚脚踝内侧，然后后退到原点。再屈膝抬左腿，用右手摸左脚脚踝内侧，以此前后循环练习（图 1-55）。每组练习持续 1 分钟，每次练习 3 ~ 5 组。

图 1–55

练习要领：练习者上身保持直立，屈膝抬腿时收紧小腹，尽量抬高大腿。

拓展练习：无。

练习 11：左右跳单脚撑

练习功能：增强肌肉耐力。

练习器材：无。

预备姿势：练习者两脚开立，两手自然垂于身体两侧，两眼平视前方。

练习步骤：听教师口令，左腿向身体左侧跳跃，右腿再屈膝向后勾，手臂前后摆动，成左手在前右手在后的姿势；然后右腿向身体右侧跳跃，左腿再屈膝向后勾，手臂前后摆动，成右手在前左手在后的姿势（图 1-56）。每组练习 15 ~ 20 次，共练习 3 ~ 5 组。

图 1–56

练习要领：注意左右跳时手臂的摆动，保持身体节奏的顺畅。

拓展练习：

1. 可两人一组进行练习。两名练习者面对面站立，分别握住弹力带的两端，然后进行该练习。

2. 可单脚前后跳进行该练习。

3. 可两人一组进行练习。在单脚跳跃落地后，相互从正面或侧面传接实心球。

练习 12：半蹲负重举臂

练习功能：锻炼肌肉耐力。

练习器材：哑铃。

预备姿势：练习者两脚开立与肩同宽，双手握住哑铃自然放于身体两侧，两眼平视前方。

练习步骤：听教师口令，练习者保持半蹲状态，两手抬起屈肘向上伸举哑铃 3 次，然后还原至准备姿势（图 1-57）。每组练习 15 ~ 20 次，共练习 3 ~ 5 组。

图 1–57

练习要领：腰部保持适当紧绷，伸举哑铃时两臂伸直。

拓展练习：

1. 练习者可手握哑铃，直臂外展进行该练习。

2. 练习者可手握哑铃，直臂前屈进行该练习。

3. 练习者可手握哑铃，两臂外展，肘关节屈曲 90°，进行肩关节旋内或旋外练习。

4. 练习者可手握哑铃，直臂外展 90° 后，肩胛骨内侧肌肉用力使肩胛骨向脊柱方向移动。

练习 13：俄罗斯转体

练习功能：增强核心力量与肌肉耐力。

练习器材：重力球。

预备姿势：所有人面朝内围成一个圆圈，躺在地上，双脚交叉，背部保持平坦，膝关节微微弯曲。

练习步骤：

1. 听到教师“开始”口令后，保持下半身不动，抬起上半身，使上身和下身呈“V”字形。双臂前屈 90°，双手紧握重力球（图 1-58）。

2. 注意力集中在腹肌上，用力向右扭动身体，直到手臂与地面平行，同时呼气，保持腹肌持续收缩，然后回到起始位置，再向左扭动身体完成同样的动作。每组练习 15 ~ 20 次，共练习 3 ~ 5 组。

图 1–58

练习要领：上身保持直立，腰部保持适当紧绷，注意呼吸。

拓展练习：

1. 练习者可进行两脚抬离地面练习，增加练习的难度。

2. 练习者可进行双人练习，转体后相互传接球。

3. 练习者可进行下肢俄罗斯转体练习。练习者躺在地上，两手展开按住地面，抬起两脚到一定高度，然后两脚朝左边慢慢放下（不要碰到地面），过程中保持肩膀不动，然后抬起两腿转向另一侧。

（二）提高心肺耐力的练习

练习 1：长距离慢跑

青少年的目标距离可定为慢跑半小时，或者 1500 ~ 2000 米。

在操场上隔一段距离摆放一些器械，如敏捷梯、标志碗、标志筒、小栏架等，让青少年在器械之间慢跑，跑到器械处进行相应练习，循环进行。跑动总距离达到 1500 ~ 2000 米。这种练习可有多种组合方式，不同的器械也有多种练习方式。以图 1-59 为例，可从敏捷梯开始，先进行正向进出敏捷梯跑，慢跑至标志碗处进行“之”字绕桩，慢跑至小栏架处进行单脚快速跳跃小栏架，慢跑至敏捷梯处进行正向高抬腿敏捷梯跑，慢跑至标志碗处进行“8”字绕桩，慢跑至标志碗处进行弓步跳，慢跑至小栏架处进行侧向快速双脚跳跃小栏架，慢跑至标志碗处进行前进侧滑练习，再慢跑至敏捷梯处进行下一个循环的练习。在这个例子中，每个练习都可换成其他的练习进行任意组合。

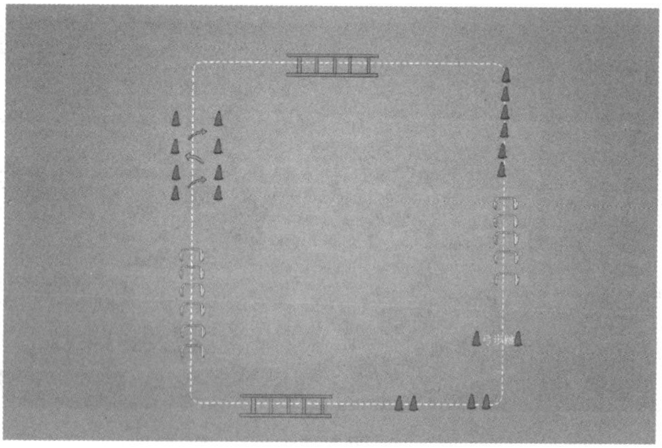

图 1–59

练习 2：高强度间歇性练习

这种练习方式是严格控制两组练习之间的间歇时间，使身体处于不完全恢复的状态下即进行下一项练习。练习的强度要高，训练和间歇时间的比例为 1∶1 ~ 1∶3。这是一种训练的安排方法，具体训练内容可以任意组合，只要达到高强度、控制训练时间和间歇时间即可。例如，准备活动后，半蹲开合跳 20 秒，休息 30 秒；深蹲跳 20 秒，休息 30 秒；立卧撑 20 秒，休息 30 秒；平板支撑爬行 20 秒，休息 30 秒；弓步跳 20 秒，休息 30 秒；平板支撑开合跳 20 秒，休息 30 秒；交替触膝卷腹 20 秒，休息 30 秒；原地高抬腿 20 秒，再进行整理活动。

可根据学校已有的器械、场地灵活选择练习的内容，将肌肉耐力练习、灵敏协调练习和心肺耐力练习结合起来，增加练习的趣味性。

四、灵敏练习

灵敏素质是指人体在复杂多变的运动环境中，能迅速、准确、协调和灵活地完成动作或改变动作的能力，包括协调性、灵活性和准确性三个基本因素。青少年灵敏素质的发展对其运动能力的提高有重要的影响。

灵敏素质在体能中有着相当重要的作用，它是各种运动技能和身体素质在运动中的综合表现，而速度、力量和协调能力是衡量灵敏性水平的关键因素。

练习 1：滑步横移抛接球

练习功能：主要发展练习者的灵敏素质，辅助发展练习者的速度素质。

练习器材：锥形桶、反应球。

预备姿势：两人一组，一人为练习者，另一人为辅助练习者。左右相距 4 米处放置两个锥形桶，练习者在锥形桶后方站立，两脚左右开立略宽于肩膀，膝关节弯曲，上身前倾，两手置于膝关节前方，保持背部挺立，眼睛注视辅助练习者。辅助练习者在两个锥形桶正前方 3 米左右距离站立，两脚左右开立略宽于肩膀，膝关节弯曲，上身前倾，两手分别拿一个反应球，眼睛注视练习者（图 1-60）。

练习步骤：教师发出“开始”指令后，辅助练习者将左手的反应球抛向地面，球经过地面后反弹给练习者，练习者接住反应球后迅速将球回抛辅助练习者，同时迅速滑步移动至左侧锥形桶后。辅助练习者接住练习者抛过来的球的同时，将右手中的反应球反弹给练习者，练习者接住球后再回抛辅助练习者，并迅速滑步返回起始位置。教师可以用具体的数字作为口令，口令给出后，练习者做出相应数字的折返练习。

图 1–60

练习要领：练习者要保持低重心，上身保持稳定，控制上下起伏和前后左右晃动的幅度，两臂同时前后摆动，注意节奏的变化。练习初期时，辅助练习者可以等练习者移动到位后再抛球，熟练后逐渐加快抛接球的节奏。

拓展练习：

1. 练习者用前后交叉步代替滑步进行练习。
2. 练习者用侧身跑代替滑步进行练习。
3. 听教师口令，小组同时进行抛接球练习。
4. 练习者可做抛 2 球、3 球接球练习。

练习 2：影子侧滑步

练习功能：发展练习者的灵敏素质和速度素质。

练习器材：锥形桶。

预备姿势：两名练习者，在最左侧的锥形桶两侧，面对面站立。听到教师“准备”口令后，屈膝降低身体重心，两脚距离比肩略宽，上身前倾，两手自然下垂于体前，眼睛注视对方。两人分配角色，一人为行动者，另一人为影子。

练习步骤：教师给出“开始”口令后，行动者迅速滑步移动至任意一个锥形桶后方，稍做停留等待影子同样移动到位后，再迅速滑步至另一个锥形桶位置。影子要努力争取在最短的时间内做出判断，再以最快的速度跟随行动者的脚步（图 1-61）。

图 1–61

练习要领：练习者之间保持一定距离，避免碰撞。

拓展练习：

1. 练习者可以用侧身跑替换侧身滑步。

2. 可以在行动者和影子到达锥形桶位置后，增加一个练习动作（如俯卧撑或者高抬腿等），完成练习动作后再迅速向下一个目标移动。

练习 3：绳梯 1 步小步跑

练习功能：主要发展练习者的灵敏素质，辅助发展练习者的速度素质和协调素质。

练习器材：绳梯。

预备姿势：练习者以立正姿势在绳梯第一格后方站立，面对绳梯方向。

练习步骤：教师给出“开始”口令后，练习者迅速半高抬腿小步跑，每步踩进绳梯的一格依次跑过（图 1-62）。

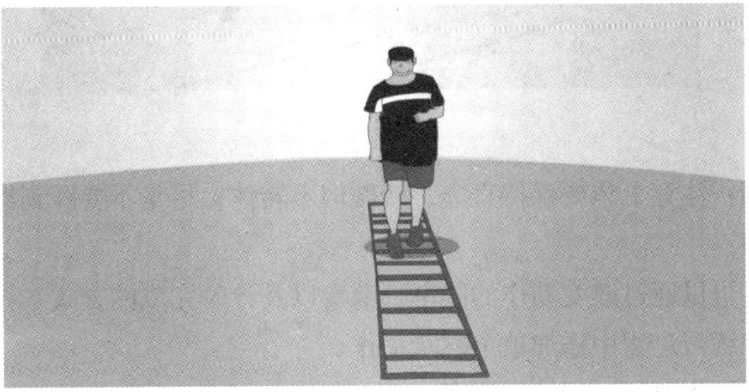

图 1–62

练习要领： 注意做出半高抬腿小步跑的动作要有节奏感，熟练后以最快速度跑过。

拓展练习：

1. 练习者可通过改变动作的速度和节奏，或者通过计时完成的方式来拓展练习方法。

2. 练习者可以进行后退跑练习。

3. 练习者可以小组接力比赛的方式完成练习。

4. 练习者小步跑可改为高抬腿跑。

5. 练习者可在绳梯的小格中加入障碍物。

练习 4：绳梯转髋

练习功能： 主要发展练习者的灵敏素质，辅助发展练习者的协调素质和速度素质。

练习器材： 绳梯。

预备姿势： 练习者侧身站立于绳梯第一格后方。左脚在第一格内，右脚在格外，两臂侧平举。

练习步骤： 教师给出“开始”口令后，练习者右脚前交叉移至第二格内，左脚后交叉移至第三格，右脚再前交叉移至第四格内。以此循环进行（图 1-63）。

图 1–63

练习要领： 注意上体要保持直立，转髋但不转体；尽量不要踩到绳梯。

拓展练习：

1. 练习者可以通过改变动作的频率、节奏以及计时完成的方式来拓展此练习。

2. 可以在练习过程中添加单个跳跃动作。

3. 可以小组为单位进行接力比赛。

练习 5：“米”字跳

练习功能：主要发展练习者的灵敏素质，辅助发展练习者的速度素质。

练习器材：标志线。

预备姿势：4 条标志线放置成“米”字型。练习者以立正姿势站在“米”字区内。

练习步骤：教师给出“开始”口令后，练习者双脚起跳，可按照顺时针或逆时针循环跳跃，循环的次数由教师根据练习者的体能情况适当安排（图 1-64）。

图 1–64

练习要领：练习者保持身体面向前方。练习者在跳跃过程中，不要转体，要保持身体平衡，且有节奏感。

拓展练习：

1. 练习者可改变跳跃的速度和节奏，或者通过计时完成的方法来拓展练习。
2. 练习者通过改变跳跃的模式来拓展练习（单脚跳、后退跳）。
3. 练习者以小组为单位同时进行小组淘汰赛。

练习 6：三角跳跃

练习功能：主要发展练习者的灵敏素质，辅助发展练习者的协调素质和速度素质。

练习器材：标志线。

预备姿势：3 条标志线成三角形放置。练习者以立正姿势站在三角线外（图 1-65）。

练习步骤：教师给出“开始”口令后，练习者先顺时针绕三角线跳跃，再逆时针绕三角线跳跃。

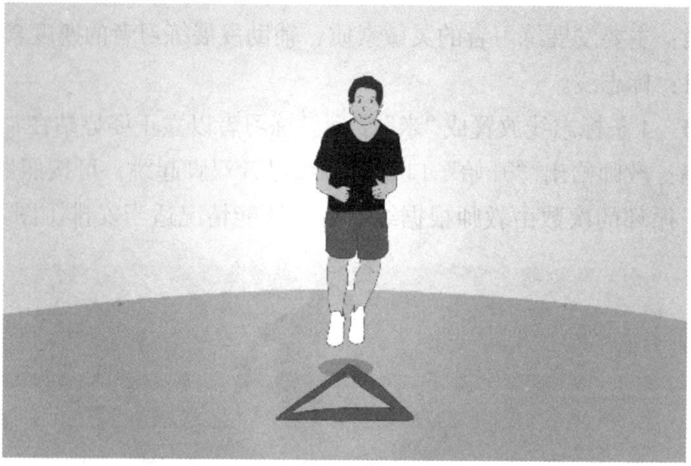

图 1–65

练习要领：练习者保持身体面向前方。练习者在跳跃过程中，不要转体，保持身体平衡，要有节奏感。

拓展练习：

1. 练习者可改变跳跃的速度和节奏，或者通过计时的方法进行练习。
2. 练习者可以通过改变跳跃的边线顺序来拓展练习。

五、协调练习

练习 1：绳梯开合前交叉跳

练习功能：主要发展练习者的协调素质。

练习器材：绳梯。

预备姿势：练习者正对绳梯，双脚开立站在第一个格的两侧，双臂屈肘置于体侧。

练习步骤：教师给出“开始”口令后，练习者双脚同时起跳，在空中交叉成前后开立，分别落在第一格和第二格内（图 1-66）。练习者在前后脚同时起跳，在空中左右打开双脚，落在第二格的两侧。重复以上动作，每次跳进格内时，要交换前后脚的位置。

图 1–66

练习要领：练习者在动作熟练后，要尽量缩短脚触地的时间，行进过程中要有节奏感。

拓展练习：

1. 练习者可以通过变换动作频率、节奏或者计时等方式来完成此练习。
2. 练习者可以拓展为后退的开合后交叉跳。
3. 练习者可以设计成小组间接力比赛（图 1-67）。

图 1–67

练习 2：绳梯开合跳

练习功能：主要发展练习者的协调素质，辅助发展练习者的力量和速度素质。

练习器材：绳梯。

预备姿势：在绳梯第一格后保持立正姿势。

练习步骤：教师给出“开始”口令后，练习者向前跳跃落地后保持两脚开立站在第一格的两侧，半蹲姿势保持大腿与地面平行，双臂屈肘侧举（图 1-68）。双脚同时跳入第二格内，保持半蹲姿势，两臂屈肘胸前举（图 1-69）。以此循环进行。

图 1–68

图 1–69

练习要领：练习者在跳跃过程中，应前脚掌先着地；在行进过程中，要有节奏感，熟练后加快节奏和速度。

拓展练习：

1. 练习者可以通过改变动作的频率、节奏、膝关节弯曲角度或者通过计时完成的方式来拓展此练习。

2. 练习者可以增加折返练习，即增加此动作的逆过程。

3. 可以两名练习者为一组相向完成此动作，保持动作一致。

练习 3：双手触脚跳

练习功能：发展练习者的协调素质。

练习器材：绳梯。

预备姿势：练习者两脚开立站在绳梯第一格两侧，两臂自然下垂。

练习步骤：教师给出“开始”口令后，练习者双脚起跳，右腿高抬，膝关节外旋，用左手触碰右脚踝，触脚后迅速下压膝关节落在第二格右侧边框外，同时左脚落在第一格内，练习者身体重心移至右脚。然后练习者双脚再起跳，左腿高抬膝关节并外旋，用右手触碰左脚踝，触脚后迅速下压膝关节落在第二格左侧边框外，同时右脚落在第一格内。依次循环向前（图 1-70）。

图 1–70

练习要领：练习者背部保持直立，膝关节高抬，腿充分外展，动作应轻盈快速，节奏感要强。

拓展练习：

1. 练习时，练习者膝关节内旋，用同侧手触外脚踝。
2. 小组接力比赛。
3. 练习时，练习者添加向后踢腿触脚跳动作，由 2 次触脚变为 4 次触脚。

练习 4：绳梯侧踹前行

练习功能：主要发展练习者的协调素质，辅助发展练习者的平衡素质。

练习器材：绳梯。

预备姿势：练习者面对绳梯方向站立，左脚置于第一格内，两脚前后开立。

练习步骤：教师发出“开始”口令后，练习者右脚向前侧踹，之后顺势落在第二格内（图 1-71）。身体转向另一侧，用左脚再完成一次侧踹，之后顺势落在第三格（图 1-72）。依次循环进行。

图 1–71

图 1–72

练习要领：注意侧踹要领，即先提膝，折叠小腿后再蹬出。尽量控制身体平衡，动作要有节奏感。前后练习者要相隔一定距离。

拓展练习：

1. 练习者可以按规定节奏和频率来进行拓展此练习。
2. 可以将侧踹拓展为前踢、后蹬、侧摆腿。
3. 两人各占一条绳梯，照镜子完成动作。

练习 5：绳梯环转前行

练习功能：主要发展练习者的协调素质，辅助发展练习者的平衡素质。

练习器材： 绳梯。

预备姿势： 练习者面对绳梯方向，保持立正姿势。

练习步骤： 教师给出“开始”口令后，练习者双脚起跳，进入第一格(图 1-73)。环转 180° 双脚跳入第二格（图 1-74）。反向环转 180° 跳入第三格（图 1-75）。换一下环转方向，重复一遍以上动作。依次循环进行。

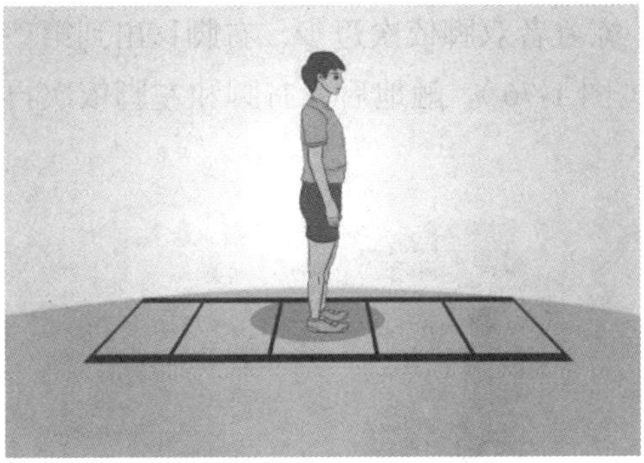

图 1–73

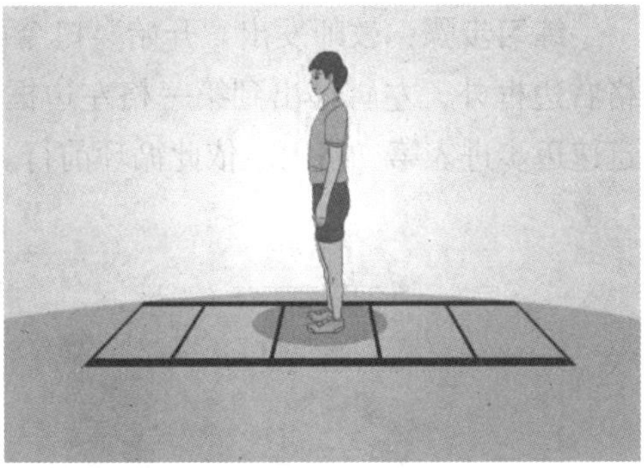

图 1–74

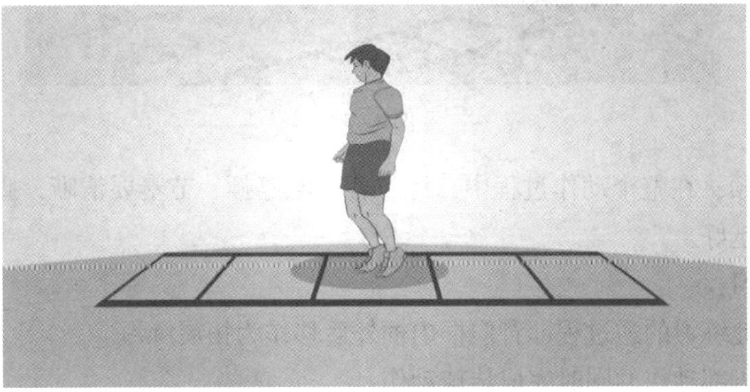

图 1–75

练习要领： 注意练习时动作要有节奏地进行。

拓展练习：

1. 练习者以用单脚完成此练习动作。
2. 练习时，增加难度，每次旋转 360° 。
3. 小组成员同时完成动作，并添加拍手的动作。

练习 6：正向框内框外前移

练习功能：主要发展练习者的协调素质，辅助发展练习者的速度素质。

练习器材：绳梯。

预备姿势：练习者面对绳梯，成立正姿势，双脚站在第一格内，两臂屈肘置于体侧。

练习步骤：教师发出“开始”口令后，练习者双脚依次迈步，右脚移出到第一格右边框外，左脚移出到第一格左边框外（图 1-76）。触地后，右脚和左脚依次再迅速迈步进入第二格内。依此循环前行。

图 1–76

练习要领：在整个动作过程中，练习者不能停顿、节奏要清晰，脚与地面接触的时间越短越好。

拓展练习：

1. 可将此练习的逆过程即背向框内框外后移作为拓展练习。

2. 完成脚部动作的同时完成传球动作。

练习 7：绳梯单脚侧跨前移

练习功能：主要发展练习者的协调素质和灵敏素质，辅助发展练习者的速度素质。

练习器材：绳梯。

预备姿势：练习者面对绳梯方向，站在第一格的左侧。

练习步骤：教师发出“开始”口令后，练习者右脚向右迈步到第一格内。右脚触地后，左脚抬起，左脚在原地落下。左脚触地后，右脚抬起，再次落回到第一格左外侧（图 1-77）。右脚触地后，左脚向前迈步到第二格的左侧框外。左脚落地后，右脚向前迈步到第二格格内。依此循环向前移动。

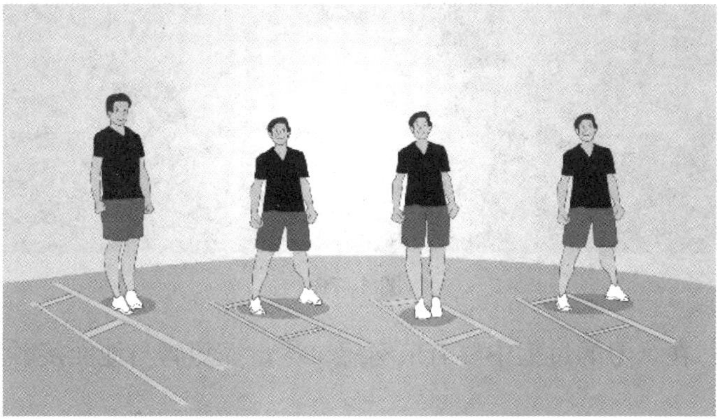

图 1–77

练习要领：练习者在做动作的过程中要尽量缩短脚与地面的接触时间；在行进过程中要有节奏感。

拓展练习：

1. 练习者可在规定的频率和节奏下进行此练习，可变速或者变节奏进行此练习，也可计时完成此练习。

2. 可将此动作的逆过程作为拓展练习，即向后移动。

练习 8：绳梯正向 3 步左右侧踩前移

练习功能：主要发展练习者的协调素质和灵敏素质，辅助发展练习者的速度素质。

练习器材：绳梯。

预备姿势：练习者面对绳梯方向，以立正姿势，站于绳梯第一格后方，两臂屈肘自然置于体侧。

练习步骤：教师发出“开始”口令后，练习者左脚向前迈步至第一格内。左脚落地后，右脚迅速跟进至第一格内；右脚落地后，左脚向左迈步至第一格左侧边框外（图 1-78）。左脚落地后，右脚迅速向前迈步至第二格格内；右脚落地后，左脚跟进迈步至第二格格内。左脚落地后，右脚迅速向右迈步至第二格右侧边框外；右脚落地后，左脚向前迈步至第三格格内。依此循环进行。

图 1–78

练习要领： 在练习的过程中要有节奏感，尽量缩短脚与地面接触的时间。

拓展练习：

1. 可规定练习的频率和节奏进行此练习，可变速或者变节奏行进，也可计时完成此练习。

2. 可将此动作的逆过程作为拓展练习，即向后移动。

3. 可组织小组竞赛。

练习 9：双脚跳加绕臂

练习功能： 锻炼身体的协调性与耐力。

练习器材： 绳梯。

预备姿势： 练习者面对绳梯方向，以立正姿势，站于绳梯第一格后方，两臂屈肘自然置于体侧。

练习步骤： 听教师口令，双脚往前跳跃进第一格，身体腾到空中两臂围着身体环绕，一格一格跳跃（图 1-79）。以此类推。

图 1–79

练习要领：练习者在跳跃时上身保持直立，绕臂与跳跃的节奏保持稳定。

拓展练习：

1. 双脚跳改为单脚跳。

2. 双脚跳跃时可在空中交叉。

3. 可组织小组进行双脚跳竞赛。

练习 10：绳梯侧滑步抛球

练习功能：锻炼身体的协调性。

练习器材：绳梯、球。

预备姿势：身体侧对绳梯第一格站立，双脚开立与肩同宽，双手抱球放于身前保持平衡姿势准备。

练习步骤：左脚迈入第一格后，成单腿屈膝抬腿姿势，然后右脚顺势迈入第一格，以此循环交替进行。滑步的同时进行头顶抛球（图 1-80）。

图 1–80

练习要领：连续的侧滑步抛球要保持身体的平衡与协调，慢慢加速。

拓展练习：

1. 两人对向侧滑步相互传球（图 1-81）。

2. 侧滑步两人追逐跑。

图 1–81

练习 11：绳梯垫脚跳

练习功能：锻炼身体的协调性和下肢的肌肉力量。

练习器材：绳梯。

预备姿势：身体侧对绳梯第一格，双手置于身体两侧，保持平衡姿势。

练习步骤：右脚跳入第一格后，左脚顺势屈膝抬起成半高抬腿动作，左脚放入第一格时接着一个小跳步，右脚顺势屈膝抬起，以此类推循环（图 1-82）。

图 1–82

练习要领：保持背部直立，手脚相互协调摆动。

拓展练习：

1. 小组追逐垫脚跳。

2. 转身垫脚跳（图 1-83）。

3. 高抬腿垫脚跳（图 1-84）。

4. 后踢腿垫脚跳（图 1-85）。

图 1–83

图 1–84

图 1–85

练习 12：侧向前后交叉步

练习功能：发展身体的协调性。

练习器材：绳梯。

预备姿势：身体侧对绳梯第一格，双臂平举，保持平衡姿势准备。

练习步骤：左脚迈入第一格内，右脚从左脚后面交叉至第一格内，左脚继续迈入第二格内，右脚从左脚的前面交叉至第二格内（图 1-86）。以此类推。

图 1–86

练习要领：练习时练习者两臂平举保持身体平衡，注意节奏的稳定。

拓展练习：

1. 两人面对面侧向交叉步传球。
2. 两组侧向交叉步竞速比赛。
3. 小组同时交叉步拍手。

练习 13：双脚跳

练习功能：锻炼身体的协调性与下肢肌肉力量。

练习器材：绳梯。

预备姿势：身体面对绳梯，两手自然置于身体两侧，两脚做起跳的准备姿势。

练习步骤：两脚并拢同时向上屈膝跳入第一格，两脚着地后继续跳入第二格（图 1-87）。以此循环。

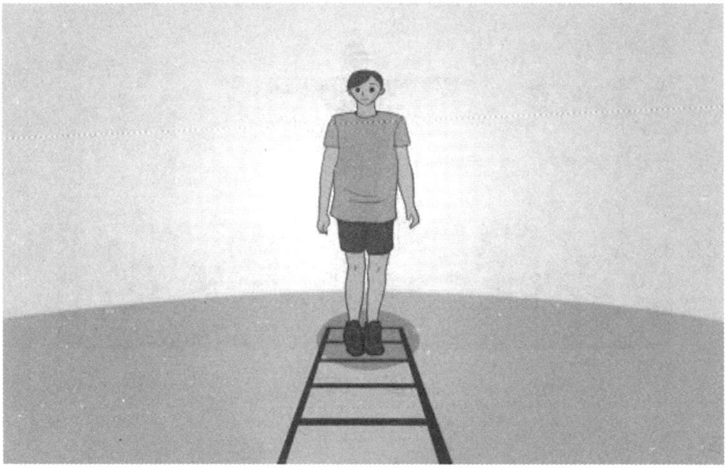

图 1–87

练习要领：练习者落地时屈膝缓冲，避免膝关节受伤。

拓展练习：

1. 正向单脚跳、侧向单脚跳。
2. 两人进出绳梯跳。
3. 小组双脚跳竞速。

六、平衡练习

练习 1：单脚站立平衡性练习

练习功能：锻炼身体的平衡性、协调性和肌肉控制能力。

练习器材：无。

预备姿势：练习者两脚开立，与肩同宽，脚尖向前，两臂平举，两眼平视前方。

练习步骤：左腿支撑，右腿屈膝 90° 上抬，右大腿上抬至约与地面平行，上体保持直立状态，尽量保持身体的平衡（图 1-88）。可保持 10 ~ 30 秒，换另一侧腿支撑。

练习要领：腹部以及臀部肌肉要有紧张感。

图 1–88

拓展练习：

1. 提高动作难度，练习者可以闭上双眼进行单腿站立平衡性练习。

2. 练习者可在平衡垫上进行此练习。

3. 两人相互进行干扰性练习（两人面对面站立，由教师发出“开始”口令后，双方可用手指触及对方的身体，单腿支撑时间较长者为获胜方）。

练习 2：前后弓步蹲

练习功能：通过提高髋关节的稳定性来提高身体的控制能力和平衡性。

练习器材：平衡垫。

预备姿势：练习者成前后分腿跪姿，两手置于体侧，两眼平视前方。

练习步骤：练习者前腿屈膝，小腿约与地面垂直，大腿约与地面平行；后腿膝关节置于平衡垫上，后脚脚尖触地；两臂向前伸直，掌心相对（图 1-89），双侧髋关节朝着正前方，双眼平视前方。每侧腿保持 5 秒换另一侧。

图 1–89

练习要领：臀部以及腹部肌肉收紧。

拓展练习：

1. 可进行干扰性练习。两人一组，干扰者通过触碰练习者的肩部以及两臂，以保持身体平衡时间较长者获胜。

2. 可进行踩踏不平衡垫的小组过河游戏。

练习 3：躯干平衡性练习

练习功能：增强身体的协调性、平衡性。

练习器材：无。

预备姿势：练习者成两肘伸直两膝跪于地面的姿势，两大腿约垂直于地面，腹部收紧，后背保持平直。

练习步骤：左手和右腿缓慢抬起伸开，身体保持稳定，再用左肘碰右膝（图 1-90）。两侧交替进行练习。

图 1-90

练习要领：臀部以及腹部肌肉收紧，后背保持平直，身体尽量保持平稳，不要出现左右晃动。

拓展练习：

1. 在对侧完成较好的情况下，可进行同侧的练习。

2. 可在平衡垫上完成此动作。

3. 小组内练习者进行动作竞赛（能坚持的时间较长者获胜）。

4. 小组间练习者进行接力竞赛（小组保持统一动作，其中一人以其余练习者为跨栏，小组每人完成一次跨栏，速度最快的小组获胜）。

练习 4：金鸡独立展单翅

练习功能：发展身体的神经肌肉控制能力。

练习器材：无。

预备姿势：练习者一脚单脚站立，另一脚放在支撑腿的大腿内侧，两手臂前平举（立掌），两眼平视前方。

练习步骤：练习者一手臂侧平举，眼睛跟着侧平举的手臂走，然后回到前平举，交换另一手臂做侧平举，每手臂做 5 次（图 1-91）。交换支撑腿后继续练习此动作。

图 1–91

练习要领：练习者在练习的过程中控制好身体的平衡，腹部以及臀部肌肉有紧张感。

拓展练习：

1. 练习者两手握弹力带完成上述练习步骤。

2. 练习者可在平衡垫上进行上述练习。

3. 两人相互干扰练习（两人面对面站立，由教师发出“开始”口令后，双方可用手指触及对方的身体，支撑时间较长者为获胜方）。

练习 5：触脚抱膝平衡

练习功能：提高身体的平衡性以及神经肌肉控制能力。

练习器材：无。

预备姿势：练习者一腿站立，另一腿高抬，大腿与地面平行，两臂自然放于两侧，两眼平视前方。

练习步骤： 练习者非支撑腿后举，上体前倾与地面平行，两手下伸去触摸支撑脚的脚尖，控制 3 秒，然后快速将后举腿提膝至胸前，同时两手抱膝，然后恢复至预备姿势，交换支撑腿继续练习此动作（图 1-92）。

图 1–92

练习要领： 练习者在动作变化过程中控制好身体的平衡，不断变化姿势寻找新的平衡。

拓展练习：

1. 练习者可闭眼完成上述动作。

2. 练习者可围成圆圈，同时完成教师给出节奏指令的上述动作。

3. 练习者可在跑道上完成此动作竞速，原地换腿步骤变为弓步向前走。

4. 练习者可把非支撑腿后举，上体前倾与地面平行，两手向下触摸支撑脚的脚尖，坚持 3 秒，然后两臂上举至头部两侧，坚持 5 秒。交换支撑腿练习此动作。

练习 6：四方形跳

练习功能： 提高身体的神经肌肉控制能力和协调性。

练习器材： 地面画 80 厘米的正方形。

预备姿势： 练习者单脚站立在正方形左下角，两臂自然弯曲置于身体两侧。

练习步骤： 练习者从正方形左下角单脚顺时针跳（左上角—右上角—右下角—左下角），再逆时针跳到左下角（图 1-93）。交换支撑腿练习此动作。

图 1–93

练习要领：练习者在练习的过程中控制好身体的平衡。

拓展练习：

1. 两名练习者同时练习，一名练习者不固定方向，另一名练习者“照镜子”练习。

2. 练习者做双脚跳格子练习。

3. 练习者可以小组接力往返跑跳格子练习。

练习 7：动态战士

练习功能：提高身体的神经肌肉控制能力和协调性。

练习器材：无。

预备姿势：练习者单腿站立，两手自然置于身体两侧，两眼平视前方。

练习步骤：练习者的非支撑腿后举，上体前倾与地面平行，两手向下触摸支撑脚的脚尖，坚持 3 秒，然后两手上举至头部两侧，坚持 5 秒（图 1-94）。交换支撑脚，练习此动作。

图 1–94

练习要领：练习者在练习的过程中控制好身体的平衡。

拓展练习：

1. 练习者可闭眼完成上述动作。

2. 练习者可围成圆圈，同时完成教师给出节奏指令的上述动作。

练习 8：提膝下蹲走

练习功能：提高身体的神经肌肉控制能力和协调性。

练习器材：无。

预备姿势：练习者自然站立，两眼平视前方。

练习步骤：练习者提膝高抬腿，支撑腿的脚跟提起，身体尽力向上顶，向前跨出大约两脚距离，下蹲两手触摸支撑脚脚背（图 1-95）然后提膝高抬另一条腿，练习此动作。

（1）

（2）

图 1–95

练习要领： 练习者在练习的过程中脚跟始终提起，控制好身体的平衡。

拓展练习：

1. 小组间提膝下蹲接力。
2. 提膝下蹲走加上身转体。

练习 9：左右跨跳——下蹲

练习功能： 提高身体的协调性、平衡性及神经肌肉控制能力。

练习器材： 无。

预备姿势： 练习者单脚站立。

练习步骤： 练习者单脚站立首先向左（右）跨跳，再单腿下蹲，然后向右（左）完成同样的动作（图 1-96）。

图 1–96

练习要领： 练习者在练习的过程中控制好身体的平衡。

拓展练习：

1. 练习者两手抱球练习此动作。
2. 练习者可进行跨跳下蹲摆放障碍物接力练习。
3. 听教师口令左右跨跳（可以按照单数向左跨跳，双数向右跨跳进行）。

练习 10：三点触摸跳

练习功能： 提高身体的神经肌肉控制能力和协调性。

练习器材： 无。

预备姿势： 练习者单腿站立，两眼平视前方。

练习步骤： 练习者单脚做半蹲，用力向上跳起，然后半蹲，用非支撑脚的前脚掌去触碰支撑脚的前、侧和后方（图 1-97）。然后恢复至预备姿势，再交换支撑腿练习此动作。

图 1–97

练习要领：练习者在练习的过程中控制好身体的平衡，可以张开手臂，半蹲时背部保持平直。

拓展练习：

1. 练习者两手抱球练习此动作。
2. 练习者两手抛接沙包完成此动作。
3. 以小组为单位，听教师统一口令完成此动作。

练习 11：椅子姿势举

练习功能：提高身体的神经肌肉控制能力和协调性。

练习器材：无。

预备姿势：练习者两脚左右开立，与肩同宽，半蹲姿势，两臂前上举于头部两侧（图 1-98）。

练习步骤：练习者保持预备姿势，一脚轻轻抬离地面，坚持 5 秒。交换另一脚练习此动作。

图 1–98

练习要领：练习者在练习的过程中控制好身体的平衡，一脚抬离地面时，不要让身体向另一侧倾斜。

拓展练习：

1. 练习者可进行举手运球移动接力。
2. 练习者可进行背向举手运球移动接力。
3. 练习者可进行抬轿子移动运人。

练习 12：侧斜——抱膝平衡练习

练习功能：发展侧向平衡能力和身体两侧的肌肉控制能力。

练习器材：无。

预备姿势：练习者单腿站立，两眼平视前方。

练习步骤：练习者单腿站立，非支撑腿提膝高抬，两臂侧平举，同时非支撑腿向侧蹬直，躯干向另一侧倾斜，坚持 5 秒（图 1-99）；然后迅速将非支撑腿提膝高抬于胸前，同时身体直立再双手抱膝。然后恢复至预备姿势，再交换支撑腿练习此动作。

图 1–99

练习要领：练习者在练习的过程中控制好身体的平衡。

拓展练习：

1. 控制非支撑腿的抬腿高度。
2. 变换非支撑腿的方向。
3. 在上述基本动作的基础上完成支撑腿屈膝——站立动作。

练习 13：单脚支撑照镜子

练习功能：提高身体的神经肌肉控制能力和协调性。

练习器材：无。

预备姿势：两名练习者在相距两米的地方相对单腿站立，两手臂侧平举。

练习步骤：一名练习者做动作，另一名练习者进行模仿（图 1-100）。模仿 5 个动作后，两名练习者交换支撑脚进行练习。

图 1–100

练习要领：练习者在练习过程中控制好身体的平衡。

拓展练习：无。

练习 14：单腿站立抛接球

练习功能：提高身体的神经肌肉控制能力。

练习器材：药球。

预备姿势：两名练习者在相距两米的地方相对单腿站立，其中一名练习者双手持药球。

练习步骤：持药球的练习者将药球双手抛给另一名练习者，然后另一名练习者接到球后再抛回去（图 1-101）。来回抛接 5 次后，两名练习者同时交换支撑腿练习此动作。

练习要领：练习者在练习的过程中控制好身体的平衡。抛接球时，球的弧度不宜过平和过高。

拓展练习：两名练习者每人持一个药球，同时抛接球。

图 1–101

练习 15：抱球左右跨步跳

练习功能：提高身体的神经肌肉控制能力。

练习器材：药球。

预备姿势：练习者右腿单腿站立，双手抱球自然放于胸前。

练习步骤：练习者持球向左侧跨一大步，然后左腿后举，上体前倾与地面平行，双手抱球上举，坚持 3 秒，然后提膝至胸前，双手抱球收于胸前（图 1-102）。交换左腿练习此动作。

图 1–102

练习要领：练习者在练习的过程中控制好身体的平衡，保持姿势准确。

拓展练习：

1. 两名练习者同时练习，一名练习者不固定方向，另一名练习者“照镜子”练习。

2. 两名练习者面对面站立，抛接一个药球练习上述动作。

3. 两名练习者各持一个球面对面站立，同时抛接药球练习上述动作。

4. 练习者围成一个圈，头部向外，听教师指令同时完成动作，完成得多的小组获胜。

练习 16：瑞士球上俯桥练习

练习功能：增强身体的平衡性以及核心区域的控制能力。

练习器材：瑞士球。

预备姿势：练习者成俯卧姿势，两手置于肩关节外侧，两脚放在瑞士球上。

练习步骤：练习者两臂发力撑起，同时臀部和两腿抬起，臀部、腹部收紧，使头、背、腰、臀、腿约成一条直线（图 1-103）。保持 3 ~ 5 秒，回到预备姿势。

图 1–103

练习要领：注意保持腹部、臀部收紧，身体约成一条直线。

拓展练习：无。

练习 17：瑞士球上俯桥练习

练习功能：增强身体的平衡性以及核心区域的控制能力。

练习器材：瑞士球。

预备姿势：练习者成俯卧姿势，两臂屈肘置于肩关节外侧，前臂放在瑞士球上。

练习步骤：两臂支撑于瑞士球上，两脚分开约半肩宽，脚尖着地，保持头、背、腰、臀、腿、脚跟约成一条直线（图 1-104）。保持 3 ~ 5 秒，回到预备姿势。

图 1–104

练习要领：注意保持腹部、臀部收紧，身体约成一条直线。

拓展练习：无。

练习 18：瑞士球仰卧屈膝练习

练习功能：增强臀部以及股后肌群的肌肉力量，提高练习者的平衡能力。

练习器材：瑞士球。

预备姿势：练习者仰卧于地面，两臂置于身体两侧，两脚脚跟放于瑞士球上，两腿伸直，勾起脚尖。

练习步骤：两脚沿着身体方向勾回，髋关节向上挺起并使肩关节、髋关节、膝关节处于同一平面上，髋关节到最高点(图 1-105)。保持 3 ~ 5 秒，回到预备姿势。

图 1–105

练习要领：注意保持腹部、臀部收紧。

拓展练习：由双腿支撑于瑞士球上转换为单腿支撑。

练习 19：单腿跳跃小栏架练习

练习功能：提高练习者的平衡能力。

练习器材：4 ～ 6 个小栏架。（小栏架成一条直线放于平整的地面上，每个栏架之间的间隔为 0.5 ～ 1 米，可以根据练习者自身的情况适当地调整栏架的间距）。

预备姿势：练习者成单腿站立姿势，两臂微屈置于髋部两侧，背部保持平直。

练习步骤：两臂向上摆起，起跳脚蹬离地面，向前跳过小栏架（图 1-106）；落地后成同侧单腿站立姿势，脚尖与膝关节保持在同一个方向上。

图 1–106

练习要领：练习者起跳后，要尽量伸髋。单腿落地后，要保持臀部后坐，调动臀部的肌肉力量来保持身体平衡。

拓展练习：

1. 增加小栏架的数量。
2. 改变小栏架的摆放位置，可以由一条直线变换成一个正方形。
3. 练习者可以改变跳跃的方向，由纵向跳跃向横向跳跃转变。

七、柔韧练习

练习 1：三角肌后束拉伸

练习功能：拉伸三角肌后束。

练习器材：无。

预备姿势：练习者两脚开立，与肩同宽。

练习步骤：右手伸直向前，拇指向下，左臂屈肘用前臂内侧按住右臂肘关节，左臂用力将右臂拉向左侧肩关节，位置稍低于肩关节（图 1-107）。

图 1–107

练习要领：练习者在练习的过程中身体保持正直。

拓展练习：无。

练习 2：单臂侧撑

练习功能：拉伸上肢与臀部的肌肉。

练习器材：瑜伽垫。

预备姿势：练习者身体保持俯卧姿势，两手两脚支撑于瑜伽垫上。

练习步骤：练习者左臂直臂抬起，身体向左侧转，右臂支撑以保持平衡，身体保持正直。左右交替练习（图 1-108）。

图 1–108

练习要领：保持稳定状态，循序渐进地练习，幅度由小到大。

拓展练习：

1. 侧撑绕障碍物接力。

2. 听教师口令同向侧撑画圆。

练习 3：俯卧交叉抬腿

练习功能：增加髋关节活动幅度和拉伸腰腹部肌肉。

练习器材：瑜伽垫。

预备姿势：练习者俯卧在瑜伽垫上，两手屈肘打开，两腿平放。

练习步骤：练习者右腿缓慢向后上方交叉抬腿，右脚落于左胯外侧。保持躯干和髋关节的稳定（图 1-109）。保持 5 ～ 10 秒，换左脚练习此动作。

图 1–109

练习要领：练习者在练习的过程中全身舒展，尽量控制好上身的平衡。

拓展练习：

1. 练习者打开两臂，完成上述练习步骤。

2. 练习者可在草地上爬行进行上述动作，并且不断变换方向。

3. 多人比赛练习（多人俯卧成圆圈，由教师发出“开始”口令后，保持同一动作，支撑时间较长者或幅度最大者为获胜方）。

练习 4：坐姿躯干拉伸

练习功能：拉伸体侧肌肉。

练习器材：瑜伽垫。

预备姿势：练习者两脚交叉坐于瑜伽垫上，上体保持直立。

练习步骤：将被拉伸的手臂伸直放于颈侧，辅助手握住被拉伸臂的肘关节，身体不断向异侧伸张。回到预备姿势，换另一侧做此拉伸（图 1-110）。

图 1–110

练习要领：辅助手用力拉，同时身体也向同侧弯。臀部不离开瑜伽垫。

拓展练习：

1. 练习者可在平衡垫上进行上述练习。

2. 两人相互干扰练习（两人面对面坐，由教师发出“开始”口令后，双方可侧向用手指触及对方的身体，保持自身姿势，使对方倾倒，支撑时间较长者为获胜方）。

3. 小组多米诺传沙包（每小组成一横排按序坐好，向前接龙传递沙包，在规定时间内，沙包传递得较远的小组获胜）。

练习 5：股四头肌静力拉伸

练习功能：拉伸股四头肌肌肉。

练习器材：无。

预备姿势：练习者右脚站立，保持平稳，屈左膝，左手牵拉左脚。

练习步骤：练习者向后牵拉左脚贴近左臀处，同时向前顶髋，重复几次后换腿练习（图 1-111）。

图 1-111

练习要领：初始练习时，可单手扶墙或同伴进行，保持身体稳定，待适应后可单独完成。

拓展练习：无。

练习 6：髋内收肌群及臀部静力拉伸

练习功能：扩大髋关节移动范围，拉伸臀部肌肉。

练习器材：瑜伽垫。

预备姿势：练习者成坐姿，两脚相对，两手分别扶在脚上，两肘同时放于两膝关节处（图 1-112）。

练习步骤：两肘同时按压膝关节使膝关节触及地面，并保证上体直体前倾。每次按压保持数秒钟，反复几次。

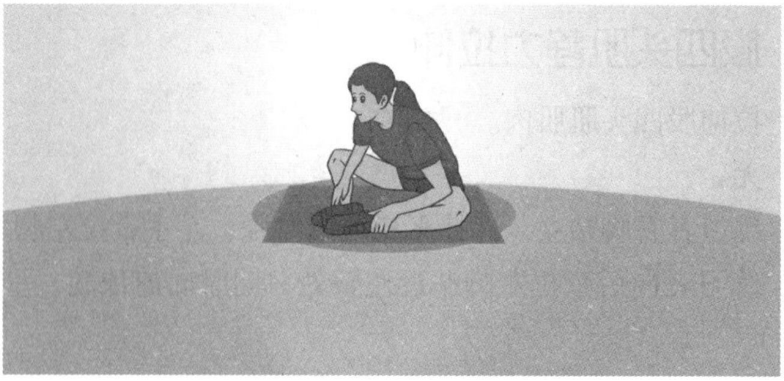

图 1–112

练习要领：上下震动，尽可能让两腿贴近地面、胸前。注意调整呼吸。

拓展练习：

1. 练习者可在平衡垫上进行上述练习。

2. 练习者保持坐姿，两手向前伸展使膝关节触碰地面进行练习。

3. 小组多米诺传球（每小组按序坐好，俯身下压膝关节向前接龙，后仰上抬膝关节向后传球，在规定时间内，传球最多的小组获胜）。

练习 7：臀部拉伸

练习功能：拉伸臀部肌群。

练习器材：瑜伽垫。

预备姿势：练习者仰卧于瑜伽垫上。

练习步骤：练习者背部完全贴在瑜伽垫上，屈腿屈髋，两手抱着膝关节，使大腿靠近胸部，保持静止姿势数秒钟（图 1-113）。

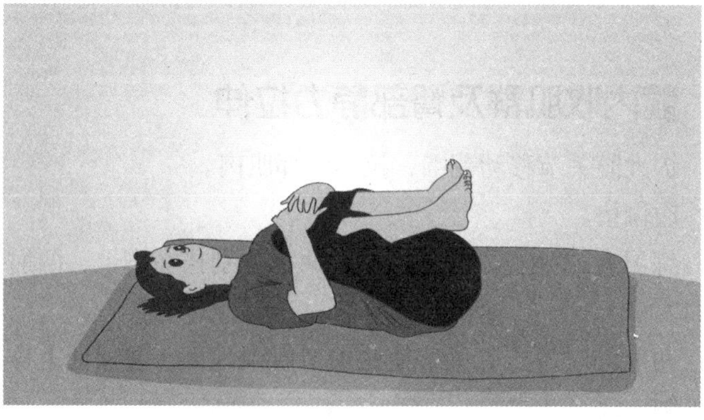

图 1–113

练习要领： 注意调整呼吸。

拓展练习： 无。

练习 8：俯撑拉伸

练习功能： 拉伸腹部肌肉。

练习器材： 无。

预备姿势： 练习者保持俯撑姿势。

练习步骤： 练习者两腿并拢俯身朝向地面，两臂撑起上身，抬头挺胸保持数秒（图 1-114）。

图 1–114

练习要领： 拉伸时注意深呼吸，不要憋气。

拓展练习：

1. 练习者可同时进行抬腿练习。

2. 练习者可以小组为单位进行动作竞赛（能坚持时间较长者获胜）。

3. 同向移动练习（以小组为单位，练习者完成一组动作后，同向移动一个身位继续练习，保持练习姿势不变）。

练习 9：头顶胯下交替传球

练习功能： 扩展肩部和腰部的运动幅度，增加关节附近的肌肉力量。

练习器材： 药球。

预备姿势： 两名练习者背对背站立，大约相隔 3 脚的距离，两名练习者两脚左右开立与肩同宽，一名练习者双手持药球。

练习步骤： A 练习者从头顶将球传给 B 练习者，B 练习者接到球后再从胯下将球传给 A 练习者（图 1-115）。依次下去，完成规定次数。

图 1–115

练习要领：在头顶和胯下传球时，球要放在适当的位置；交替传球时，不宜过快，要循序渐进。练习者在胯下传球时，两脚不移动，手臂尽量伸直。

拓展练习：

1. 以小组为单位，进行头顶胯下传球接力，传球次数最多的小组获胜。

2. 练习者背对背站立，从身体左边或右边传球。

3. 两人一组，一人向站立前方抛球，另一人在球未落地前接住球，换抛球 / 接球。每组两人完成一次为一组，完成次数最多的小组获胜。

练习 10：仰卧转髋

练习功能：拉伸背部肌肉。

练习器材：瑜伽垫。

预备姿势：练习者仰卧于瑜伽垫上，身体保持直立。

练习步骤：练习者两腿并拢抬起、屈膝成 90°，缓慢向左再向右转动髋关节（图 1-116）。

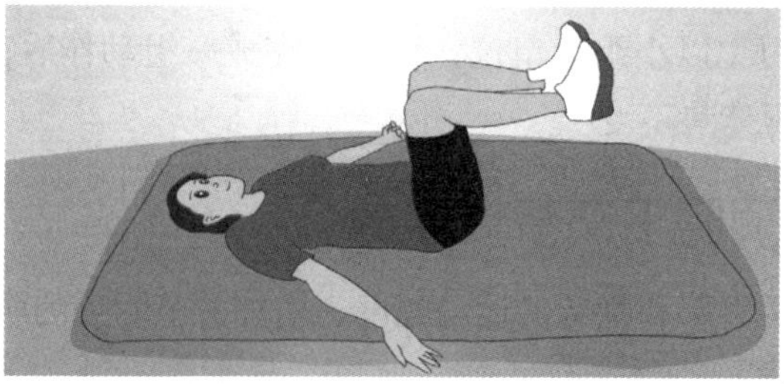

图 1–116

练习要领：大腿与小腿尽量保持 90°。

拓展练习：

1. 听教师口令统一做转髋练习。

2. 练习者两脚夹篮球进行转髋画圆练习。

3. 小组间进行仰卧两脚夹球接力。

练习 11：前后摆手

练习功能：拉伸肩部肌肉。

练习器材：瑜伽垫。

预备姿势：练习者保持直立姿势。

练习步骤：练习者一臂向上伸直、一臂向下伸直分别做向上、向下的振臂运动至最大幅度，左右臂交替进行，增加肩关节活动度，增加上肢协调能力（图 1-117）。

图 1–117

练习要领：练习时躯干保持垂直，手臂放松，动作幅度逐渐增加。

拓展练习：

1. 听教师口令同时完成左右交替摆手。

2. 练习者可进行弓步摆手向前练习。

3. 练习者可进行动态摆手向前走（跳）练习。

练习 12：肩肘摆手

练习功能：拉伸肩部、胸部肌肉。

练习器材：无。

预备姿势：练习者保持直立姿势。

练习步骤：此练习在行走中进行，练习者一边行走，一边做摆臂的动作。摆臂时，两臂伸直，与地面平行，做向后的最大幅度拉伸，然后两臂屈肘做向后的拉伸，依次交替进行（图 1-118）。

图 1–118

练习要领：练习时练习者躯干保持正直姿势，不可出现左右旋转现象。

拓展练习：无。

练习 13：髋外旋提踵

练习功能：拉伸臀部肌肉，增加髋关节活动幅度。激活踝关节小肌群，提高踝关节的稳定性。

练习器材：无。

预备姿势：练习者保持直立姿势。

练习步骤：练习者先抬起一腿，使其髋关节外旋（小腿与地面平行），两手抱住抬起腿做向上提拉动作，同时支撑腿做提锤动作，动作幅度逐渐增加（图 1-119）。

图 1–119

练习要领：练习时，练习者的躯干始终保持直立。

拓展练习：无。

练习 14：弓步转身

练习功能：拉伸腹内、外斜肌，增加脊柱旋转幅度。

练习器材：无。

预备姿势：练习者保持站立姿势。

练习步骤：练习者左腿向前跨步，下蹲成弓步姿势（膝关节以及后支撑腿的髋、膝关节皆成 90°），身体向左侧旋转，两臂随摆转动至最大幅度时停顿 2 秒。练习者身体回正，再向右侧旋转，转动至最大幅度时停顿 2 秒（图 1-120）。左右交替进行。

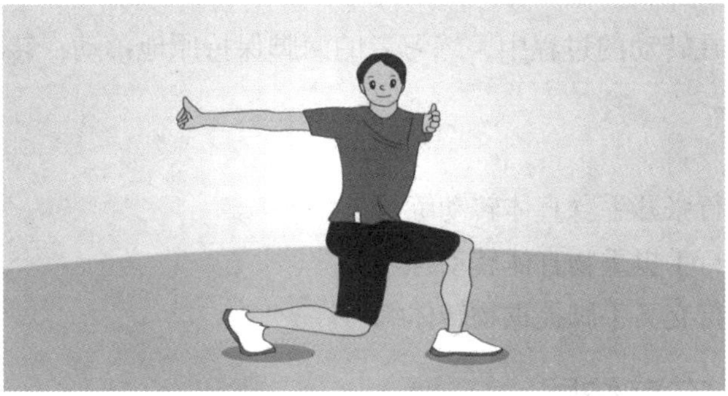

图 1–120

练习要领：练习者的躯干保持与地面垂直，以脊柱为轴进行旋转。动作幅度逐渐增加，尽可能加强髋关节和脊柱旋转幅度。

拓展练习：

1. 在规定区域，按规定动作进行盲人摸鱼游戏练习（以小组为单位，一人扮演盲人，其余同学扮演鱼）。移动时要保持相同的动作，可变换动作完成的方向 。

2. 练习者可在平衡垫上进行上述练习，坚持时间最长者获胜。

3. 小组竞速，同时做练习动作，动作幅度较大者有机会前进一步，前进距离最远者获胜。

练习 15：直体转动

练习功能：拉伸腹内、外斜肌，增加脊柱旋转幅度。

练习器材：无。

预备姿势：练习者身体保持直立，两手臂垂于体侧，两眼平视前方。

练习步骤：练习者两脚开立，两手交叉抱头，两臂外展与身体保持在同一平面内(图 1-121)。然后身体围绕脊柱向左后转动，达到最大幅度，练习者身体回正后；再向右后转动，达到最大幅度后再回正。左右交替进行。

图 1–121

练习要领：在转动的过程中，练习者的两脚保持原地不动，转动躯干，充分拉伸脊柱周围肌肉。

拓展练习：

1. 练习者进行张开手臂直体转动练习。
2. 练习者进行手提重物直体转动练习。
3. 练习者进行交叉手脚提重物转体练习。

练习 16：交叉伸展

练习功能：拉伸体侧肌肉。

练习器材：无。

预备姿势：练习者身体保持直立，两脚打开与肩同宽。

练习步骤：练习者先上举左手并伸直，左脚往右前方交叉，同时上肢向右倾斜，然后右脚向右边后交叉，最后还原姿势（图 1-122）。以此交换另一侧进行练习。

图 1–122

练习要领：侧腰时，练习者的身体重心移动至支撑腿。

拓展练习：无。

第二章　教学组织

一、单人练习

练习 1：桌面式爬行

练习功能：增强核心力量与心肺功能。

练习器材：无。

预备姿势：练习者保持俯撑姿势，两手两脚与肩同宽，两臂与地面垂直，膝关节屈曲（图 2-1）。

练习步骤：练习者的左手先向前方伸出，右腿顺势跟上，身体往前移，然后右手再向前伸出，左腿顺势跟上。以此循环练习。

图 2–1

指导提示：注意保持标准的俯撑姿势，不要提臀、塌腰。

拓展练习：

1. 练习者进行敏捷梯桌面式爬行竞赛。
2. 练习者进行侧向桌面式爬行练习。
3. 练习者进行推物体爬行练习。
4. 练习者进行原地旋转爬行练习。

练习 2：木板式爬行

练习功能：增强核心力量和心肺功能。

练习器材：无。

预备姿势：练习者保持俯撑姿势，两手两脚与肩同宽，两臂与地面垂直，躯干伸直，头部、肩部、髋部和踝部保持在同一平面（图 2-2）。

练习步骤：练习者左手先向前伸出，右脚脚尖顺势跟进，身体往前移动；然后再右手向前伸出，左脚脚尖顺势跟进，向前伸出身体往前移动。以此循环练习。

图 2–2

指导提示：利用脚尖回勾向前移动，不要屈腿，注意保持标准的俯撑姿势，不要提臀、塌腰。

拓展练习：

1. 练习者进行敏捷梯木板爬行练习。
2. 练习者进行侧向木板爬行练习。
3. 练习者进行推物爬行练习。

练习 3：熊爬式爬行

练习功能：增强核心力量与心肺功能。

练习器材：无。

预备姿势：练习者保持俯撑姿势，两手两脚比肩稍宽，两手两腿伸直，臀部上抬，双腿与地面的夹角约成 60°。

练习步骤：练习者左手先向前伸出，右脚顺势跟进，身体往前移动；然后右手向前伸出，左腿顺势跟进（图 2-3）。以此循环练习。

图 2–3

指导提示：练习时，练习者的腰部保持直立与适当紧绷。

拓展练习：

1. 练习者进行熊式爬行追人游戏。
2. 练习者进行熊式爬行小组击掌接力。
3. 练习者进行熊式爬行推重物练习。
4. 练习者进行熊式爬行转圈练习。

练习 4：大猩猩爬行

练习功能：增强核心力量与心肺功能。

练习器材：无。

预备姿势：练习者保持俯撑姿势，两手两脚比肩稍宽，两手伸直，两腿膝关节屈曲，上体与大腿的夹角约成 40°（图 2-4）。

练习步骤：首先两手向后方扒地，身体顺势前倾，同时两脚向前上方蹬跳，两脚落地后，两手继续向后方扒地。以此循环练习。

图 2–4

指导提示： 练习时，练习者的腰部保持直立与适当紧绷。

拓展练习：

1. 侧向大猩猩爬行。
2. 后退式大猩猩爬行。
3. 大猩猩爬行原地转圈。

练习 5：鳄鱼爬行

练习功能： 增强核心力量和心肺功能。

练习器材： 无。

预备姿势： 练习者保持俯撑姿势，两手比肩稍宽，两脚与肩同宽，躯干伸直，头部、肩部、髋部和踝部保持在同一平面。

练习步骤： 练习者左手先向前伸出，身体前移的同时右脚向前迈出至躯干外侧；然后右手向前伸出，身体前移的同时左脚向前迈出至躯干外侧（图 2-5）。以此循环练习。

图 2–5

指导提示： 练习时，练习者的腰部保持直立与适当紧绷。

拓展练习：

1. 鳄鱼爬行竞速。
2. 每次鳄鱼爬行后加一个原地俯卧撑动作。
3. 后退鳄鱼爬行。

练习 6：仰撑爬行

练习功能： 增强核心力量与心肺功能。

练习器材： 无。

预备姿势：练习者保持仰撑姿势，两手、两脚与肩同宽，两臂伸直，两腿向上屈膝，全脚掌着地。

练习步骤：练习者右脚向前迈出，身体顺势前移的同时左手向前伸出；然后左脚向前迈出，身体顺势前移的同时右手向前伸出（图 2-6）。以此循环练习。

图 2–6

指导提示：注意保持标准的仰撑姿势，不要弯腰。

拓展练习：

1. 仰撑爬行竞速。
2. 侧向仰撑爬行。
3. 变向仰撑爬行。

练习 7：匍匐爬行

练习功能：增强核心力量与协调性。

练习器材：无。

预备姿势：练习者保持两手屈臂俯撑姿势，两手、两脚与肩同宽，躯干伸直，头部、肩部、髋部和踝部保持在同一平面。

练习步骤：练习者左手臂先屈臂往前伸出，身体顺势前移的同时右脚向前迈出；然后右手臂屈臂往前伸出，身体顺势前移的同时左脚向前迈出（图 2-7）。以此循环练习。

图 2–7

指导提示：注意保持标准的屈臂俯撑姿势，不要提臀、塌腰。

拓展练习：

1. 小组匍匐爬行竞速。
2. 后退匍匐爬行。
3. 匍匐爬行赶鸭子。
4. 匍匐爬行接龙。
5. 前后左右变向匍匐爬行。

练习 8：爬行提拉

练习功能：增强核心力量与心肺功能。

练习器材：沙袋。

预备姿势：练习者保持屈膝俯撑姿势，两手两脚比肩稍宽，两手伸直，俯撑于沙包后方。

练习步骤：练习者左手先向前伸出，身体顺势前移的同时右脚往前迈出，然后右手向前伸出，身体顺势前移的同时左脚向前迈出，以此循环练习直至两脚脚踝移动到与沙袋平行，右手从两脚之间提拉沙袋至身体正前方（图 2-8）。以此循环练习。

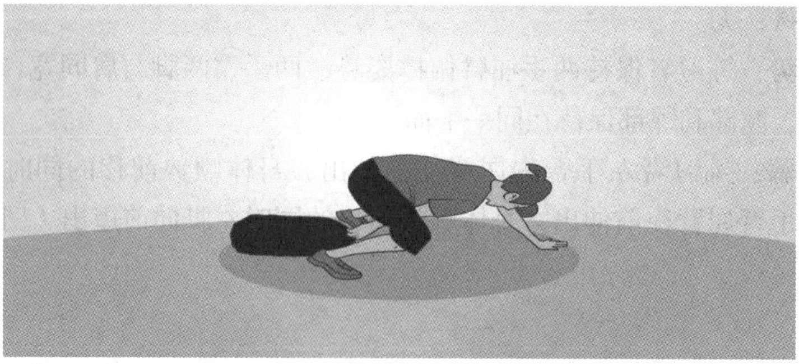

图 2–8

指导提示：注意保持标准的屈膝俯撑姿势，不要提臀、塌腰。提拉时，支撑手伸直。

拓展练习：

1. 向后拖拉物体爬行。
2. 提拉爬行追人游戏。
3. 提拉爬行接力。

练习 9：绳梯环转俯撑

练习功能：主要发展练习者的协调素质，辅助发展练习者的力量素质。

练习器材：绳梯。

预备姿势：练习者以俯撑姿势侧向面对绳梯方向，左手和右手分别置于绳梯第一和第二格子内，两脚适当打开。

练习步骤：教师发出"开始"口令后，练习者成右手单手支撑动作。身体环转，两脚顺势跟上，两手反手支撑于第二和第三格内，成仰撑姿势。身体再进行环转成左手单手支撑于第三格内。身体继续环转，两脚跟随，成俯撑姿势，左右手分别置于第三和第四格内（图 2-9）。循环交替行进。

图 2–9

指导提示：脊柱与两腿始终成一条直线，腰部收紧。

拓展练习：

1. 可将此动作的逆过程作为拓展练习。
2. 可在此练习的基础上增加俯卧撑动作，当身体成俯撑姿势时做两个俯卧撑。

练习 10：绳梯俯撑横向行

练习功能：主要发展练习者的协调素质，辅助发展练习者的力量素质。

练习器材：绳梯。

预备姿势：练习者以俯撑姿势侧向面对绳梯方向，右手和左手分别置于绳梯的第一格和第二格，两脚打开与肩同宽。

练习步骤：教师给出“开始”命令后，练习者右手与左手做前交叉，落于左手所在的第二格内，两脚顺势跟进。左手打开落于第三格内，两脚顺势跟进（图 2-10）。依次循环进行至终点。

图 2–10

指导提示：保持身体始终为一条直线，不提臀、塌腰，手脚动作要协调。

拓展练习：

1. 可拓展为两手轮流前后交叉。

2. 两人对向俯撑爬行。

二、双人练习

练习 1：高抬腿支撑收腿

练习功能：锻炼腿部力量与耐力。

练习器材：无。

练习步骤：两人并排准备，一人进行原地高抬腿练习，另一人在旁进行支撑收腿练习，10 秒后原地高抬腿的同学从支撑练习者的一侧跳到另一侧，然后两人交换动作练习（图 2-11）。持续时间约 1 分钟。

图 2–11

指导提示： 调整动作节奏与呼吸节奏，跳跃时尽量跳高。

拓展练习：

1. 小组统一变换队形进行练习。

2. 两人一组，听口令变换练习。坚持最久的小组获胜。

练习 2：触掌高抬腿

练习功能： 增强腿部力量与耐力。

练习器材： 无。

练习步骤： 两人面对面站立做原地高抬腿，一人手心向下，把手放于自身腰腹正前方，另一人高抬腿时用膝关节触碰对方手心（图 2-12）。持续 20 秒，然后双方交换动作练习。

图 2–12

指导提示： 高抬腿时，注意上身挺直以及摆臂的节奏，大腿尽量抬高与上身成 90°。

拓展练习：

1. 向后触掌高抬腿练习。

2. 动态触掌高抬腿竞速。

练习 3：弓步分手推掌

练习功能：锻炼下肢的平稳性和腰部与手臂的肌肉力量。

练习器材：排球、足球、篮球。

练习步骤：两人正面对立成左脚弓步，两手成推掌状，掌心与对方掌心合拢，位于胸部的正前方，双方均是右手往正前方推去，左手则往后收缩，来回数次（图 2-13）。

图 2-13

指导提示：双方注意节奏与发力的配合，伸手时尽量伸直，保持身体的平衡。

拓展练习：

1. 在两人的掌心之间可以放入一个排球或足球大小的球进行练习。

2. 两人做搭肩提膝练习（图 2-14）。

图 2-14

练习 4：单脚蹲起

练习功能：锻炼身体的平衡能力，发展下肢肌肉力量。

练习器材：无。

练习步骤：两人面朝前方前后站立，前面的人先两脚并立，然后向后抬起一条腿两臂可打开也可置于胸前；后面的人两脚打开比肩稍宽，然后抓住前面人的单腿，两人同时进行蹲起练习，30 秒一组，然后两人交换位置练习（图 2-15）。

图 2–15

指导提示：前面的人上身保持正直，保持身体平衡。

拓展练习：

1. 单腿蹲起小组竞速。
2. 单腿蹲起燕式平衡练习。

练习 5：转体弓步拉弹力带

练习功能：发展下肢的稳定性，锻炼上下肢的肌肉力量。

练习器材：阻力绳。

练习步骤：两人面对面呈弓步姿势，两人之间的距离是弹力带的长度，两人双手放于胸前握住弹力带，一人先蹬腿往左转体，另一人不动保持面向对方。一人转 1 次，然后往右蹬腿转体，双方轮流交换（图 2-16）。持续时间约为 30 秒。

图 2–16

指导提示：转体时，两手尽量往后伸直，拉阻力绳时吐气。

拓展练习：

1. 两人向相反方向牵引进行阻力跑。
2. 两人向相反方向牵引进行阻力蛙跳。

练习 6：移动摸手

练习功能：锻炼身体的灵敏性、协调性。

练习器材：无。

练习步骤：两人面对面站立，两脚开立比肩稍宽，一人左右横向移动，手臂可置于任何位置，但手心必须朝向对方，每移动 1 次，等待对方触摸手心后，马上再换一个位置（图 2-17）。30 秒后，双方交换练习。

图 2–17

指导提示：练习者保持上身稳定，注意脚步蹬地。

拓展练习：统一脚步变向移动摸手。

练习 7：弓步单手推掌

练习功能：加强协作能力，锻炼上肢肌肉力量。

练习器材：无。

练习步骤：两人面对面站立，右手掌心互相合并，双方同时向对方右身侧迈出右脚成右脚弓步，单手向前推掌（图 2-18）。15 秒后左右交换练习，持续时间约 30 秒为一组，练习 3 组。

图 2–18

指导提示：保持上身直立，双方互相合作；迈前腿时后腿伸直，后脚脚跟抬起、脚尖蹬地。

拓展练习：无。

练习 8：两人蹲起拉弹力带

练习功能：增强上下肢肌肉力量。

练习器材：弹力带。

练习步骤：两人面对面站立，两脚左右开立比肩稍快，两人之间的距离是弹力带的距离，首先，一人往下蹲，双手伸直握住弹力带往下拉，同时，另一人双手伸直握住弹力带举过头顶（图 2-19）。两人一上一下来回练习，持续时间约 30 秒。

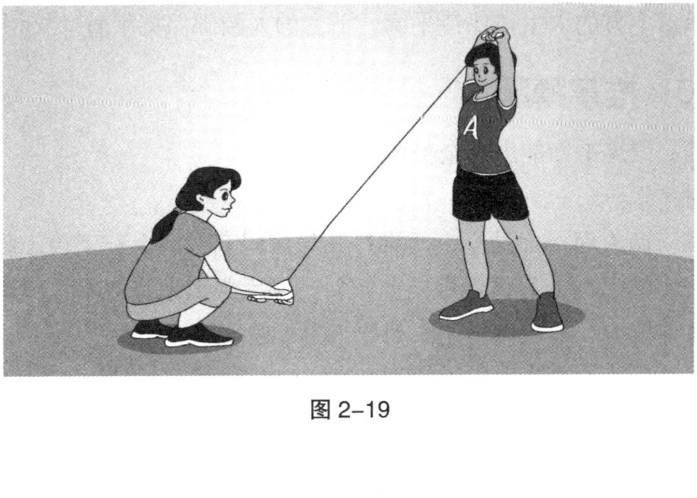

图 2–19

指导提示：上体保持直立，两人协调配合，有节奏地练习。

拓展练习：

1. 可以使用两根弹力带，一手拿一根，蹲起时双手可以放于身体两侧。
2. 变向弹力带对抗练习。

练习9：躺地拉起

练习功能：增强上下肢与腰部肌肉力量。

练习器材：无。

练习步骤：一人平躺在地上，两脚屈膝抬起，另一人两脚开立站于平躺之人的髋部两侧，两人双手拉紧，上面的人用手臂力量把躺在地上的人拉起，再轻轻放下，持续时间为20秒（图2-20）。

图2–20

指导提示：上方的人上体保持平衡，下方的人腰部保持平直。

练习10：推掌蹲起

练习功能：锻炼平衡能力和全身协调能力。

练习器材：无。

练习步骤：两人面对面站立，两脚打开与肩同宽，两人双手放于胸前，且与对方掌心相合拢，然后两人身体慢慢向前倾斜，脚后跟离地，双手也跟着举起，使手臂伸直于身体前上方，最后慢慢还原动作（图2-21）。

图 2-21

指导提示： 双方应默契地配合发力，保持身体的平衡。

拓展练习：

1. 单脚支撑推掌蹲起。
2. 推掌蹲起跑。

练习 11：俯撑爬行击掌

练习功能： 锻炼核心力量。

练习器材： 无。

练习步骤： 两人面对面成俯撑姿势，先往后爬两步，再往前爬两步后与对方击左掌。重复前面步骤后击右掌（图 2-22）。

图 2-22

指导提示： 全身保持平直，肘关节微屈以避免受伤。

拓展练习：

1. 听口令队列俯撑爬行击掌。
2. 队列俯撑爬行击掌躲地滚球。

练习 12：半蹲拉手触地

练习功能： 锻炼身体的柔韧性与协调性。

练习器材：无。

练习步骤：两人面对面半蹲，互相握住对方的右手，两人同时下蹲，用左手先摸自己的左腿后的地面，然后再绕过右手下方摸对方的左脚前的地面（图 2-23）。

图 2-23

指导提示：两人动作要协调，互握的手要保持紧绷。

拓展练习：

1. 半蹲拉手触地移动。
2. 半蹲拉手触地比拼（看哪个小组坚持的时间最长）。

三、团队练习

练习 1：算数追逐跑

练习功能：锻炼学生的快速反应能力。

练习器材：无。

练习步骤：

1. 练习规则：听教师报加法或者减法题目，得数为奇数向前方跑，得数为偶数向后方跑，被抓到者淘汰。

2. 两个小组面对面站立，在每个小组后方各摆放两条标志线。一方选手进入标志线以后则不能进行抓人。

3. 教师发令，游戏开始。

指导提示：无。

拓展练习：

1. 预备姿势变化为跪姿，然后听数字起跑。

2. 进行石头、剪刀、布游戏，赢者向前跑，输者向后跑。

练习 2：桥支撑（俯卧）穿越

练习功能：锻炼学生的灵敏性。

练习器材：无。

练习步骤：

1. 练习规则：练习者分为 4 个小组进行比赛，每个练习者都俯卧成桥。每组第一个练习者开始向队尾爬去，再从同伴身下穿过，以此类推（图 2-24）。

2. 安排 4 个小组的练习者做好准备。

3. 教师发令，游戏开始。

图 2–24

指导提示：注意仰卧成桥的高度。

拓展练习：

1. 预备姿势变化为仰卧成桥，其余规则同前。

2. 分组进行俯卧成桥传球比赛。

练习 3：跑步接力

练习功能：增强身体素质与提高团队协作能力。

练习器材：无。

练习步骤：

1. 所有练习者分成 4 组列队，每个练习者成半蹲姿势。

2. 听教师发令，每队第一个练习者从排头跑向队尾，以此类推。

指导提示：等待的同学给跑步的同学加油。

拓展练习：

1. 练习者由半蹲的预备姿势改为弓步或弓步交叉跳的预备姿势进行接力跑。
2. 练习者由半蹲的预备姿势改为直腿坐的预备姿势进行接力跑。
3. 练习者由半蹲的预备姿势改为原地小跑或原地高抬腿的预备姿势进行接力跑。
4. 练习者由半蹲的预备姿势改为弯腰的预备姿势进行接力跑。

练习 4：背靠背蹲起

练习功能：锻炼上下肢肌肉力量与提高团队协作能力。

练习器材：无。

练习步骤：

1. 所有练习者分成两组列队，背靠背直腿坐着，双手与背靠同学交叉准备。
2. 听教师口令，喊“1”，所有人屈膝收腿，喊“2”，所有人同时蹬腿站起（图 2-25）。

图 2–25

指导提示：前后两人同时向后上方蹬腿发力，腰部保持适当紧绷。

拓展练习：无。

练习 5：平板支撑高抬腿接力

练习功能：锻炼核心与下肢力量。

练习器材：无。

练习步骤：

1. 所有练习者分为 4 组列队，以体操队形散开成平板支撑姿势。

2. 听教师发令，每队第一个练习者以高抬腿的方式从下一个练习者的臀部上方跳过，依次跳到队尾后，第二个练习者立即跟上（图 2-26）。以此类推。

图 2–26

指导提示：注意高抬腿时手臂的摆动与跳跃距离的把握，以免受伤。

拓展练习：

1. 高抬腿可改为单脚跳进行练习。
2. 高抬腿跳可改为双脚跳进行练习。
3. 平板支撑的姿势可改为直腿坐的姿势。

练习 6：直腿坐侧步移动

练习功能：锻炼核心和屈髋肌群与提高团队协作能力。

练习器材：无。

练习步骤：

1. 所有练习者分成 4 组列队，以体操队形散开成直腿坐姿势，两手平直前伸。

2. 听教师口令，每队第一个练习者横向侧步绕过每一练习者到达队尾，接着第二个练习者立即跟上，以此类推。

指导提示：利用小碎步调整脚步。

拓展练习：两手平直前伸，两脚屈膝收缩，脚掌离地（图 2-27）。

图 2–27

练习 7：原地小跑弹球换位置

练习功能：锻炼下肢肌肉耐力与提高团队协作能力。

练习器材：重力球。

练习步骤：

1. 所有练习者分为 4 个列队，原地小跑进行准备。

2. 听教师口令，每队的第一个练习者原地拍一次球，拍完后立即跑到队尾并保持原地小跑，球弹起来后，第二个练习者立即顶替第一个练习者的位置拍球，其他练习者也随之跟上（图 2-28）。以此类推。

图 2-28

指导提示：拍球时尽量拍高、拍稳。

练习拓展：

1. 练习者由原地小跑改为原地高抬腿进行练习。

2. 练习者由原地小跑改为俯撑蹬缩腿进行练习。

练习 8：行进前摆腿

练习功能：增强柔韧性。

练习器材：无。

练习步骤：

1. 所有练习者分成 4 组，手牵手站成横排做准备。

2. 听教师口令，一起向前走两步进行 1 次前摆腿，然后两腿进行交换（图 2-29）。

图 2–29

指导提示：节奏一致、手不能分开。

拓展练习：

1. 练习者由手拉手改为双手搭肩进行练习。

2. 练习者由手拉手改为双手肘部交叉进行练习。

练习 9：叠罗汉

练习功能：发展下肢肌肉力量与提高团队协作能力。

练习器材：无。

练习步骤：

1. 所有练习者分成两组，成纵队站立准备。

2. 听教师口令，所有练习者半蹲，排头第一个练习者坐在第二个练习者的大腿前侧，两手放于体侧保持平衡，第二个练习者两手抓放在前面练习者的肩膀上，双腿半蹲坐于第三个人的大腿前侧（图 2-30）。以此类推。

图 2–30

指导提示：上肢保持平衡，两腿保持适当紧绷。

拓展练习：

1. 叠罗汉接力走。

2. 蹲下叠罗汉走。

练习 10：半蹲平衡

练习功能：锻炼平衡能力与提高团队协作能力。

练习器材：无。

练习步骤：

1. 所有练习者分成 4 组，每组练习者面朝内，双脚靠拢，手拉手围成圆形队列做准备。

2. 听教师口令，所有练习者双腿半蹲互相传递力量，让自己保持平衡不倒（图 2-31）。

图 2–31

指导提示：腰部保持适当的紧绷。

拓展练习：

1. 双腿半蹲改为单腿半蹲，支撑腿上下蹲起。

2. 双腿半蹲改为双手搭肩单脚甩腿。

练习 11：燕式平衡

练习功能：锻炼平衡能力与提高团队协作能力。

练习器材：无。

练习步骤：

1. 所有练习者分成 4 组，每组练习者面朝内单脚向后抬起，手拉手围成圆形队列准备（图 2-32）。

2. 听教师口令，喊“1”，所有人抬起的脚往后伸直上身向前压，喊“2”，所有人还原动作。

图 2–32

指导提示：腰部与两手保持适当紧绷，注意团队之间互相配合。

拓展练习：

1. 面朝内改为手拉手面朝外。

2. 燕式平衡姿势跳跃追逐。

练习 12：圆形队列传球

练习功能：锻炼上下肢肌肉力量与提高团队协作能力。

练习器材：重力球。

练习步骤：

1. 所有练习者分成 4 组，每组练习者面朝外，围成一个圆形队列准备。

2. 听教师口令，每组第一个练习者把球从胸前按顺时针顺序传给下一个练习者，依次下传。

指导提示：团队之间要互相配合。

拓展练习：

1. 所有练习者面朝外，右手搭在旁边练习者的右肩上成弓步姿势准备，等待传球的练习者做上下弓步蹲起的动作，传球的练习者用左手把球轻轻地抛给下一个练习者。以此类推。

2. 所有练习者面朝内站立准备，每个练习者手上持一个球，听教师口令，同时把球向上抛起，然后立即以顺时针方向侧步移动至身边练习者的位置，再双手接住球。以此类推。

3. 所有练习者面朝外，肩靠肩双脚离地成“V”字坐姿准备，听教师口令，依次传球。

练习 13：蹬起举手

练习功能：锻炼心肺功能与上下肢肌肉力量。

练习器材：重力球。

练习步骤：

1. 所有练习者分成 4 组，每组练习者面朝外，脚对脚围成一个圆形。

2. 听教师口令，所有练习者半蹲，用两手从膝关节前部摸自己的脚尖，然后立即蹲起，两手伸直上举过头顶（图 2-33）。

图 2-33

指导提示：调整自己两脚打开的距离，不低头，后背保持直立。

拓展练习：听教师口令，第一个练习者向顺时针方向两手绕“八”字传球，等待的练习者半蹲，两手摸脚尖做准备。以此类推。

第三章　测试评估

一、象限双脚跳测试

功能：测试受试者的灵敏性。

方法：受试者听到“开始”口令后，按照图 3-1 所示象限的顺序，做双脚同时并腿跳（转体与不转体均可）。顺序是由起点 1—2—3—4……直到听到“停止”口令才停止。计算 20 秒内跳的次数。

计算 20 秒内双脚准确落在象限内的次数，作为测试成绩，每跳一个象限可得 1 分，如果踏线或跳错了象限，每次扣 0.5 分。

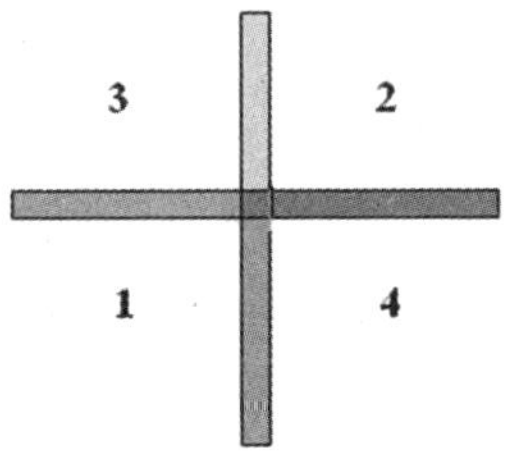

图 3–1

测量仪器：秒表、哨子、粉笔、移动线。

辅助人员：测试需要配备两名辅助人员（裁判员），职责如下。

1. 安排参加测试人员上场顺序。

2. 计时、记录成绩。

二、单脚站立测试

功能：测试受试者的平衡能力。

方法：受试者单腿在地面上提踵站立，脚落地或出标志圈为结束，记录站立时间（图 3-2）。两腿交换测量，记录成绩。

图 3–2

测量仪器：秒表。

辅助人员：测试需要配备两名辅助人员（裁判员），职责如下。

1. 安排参加测试人员上场顺序。

2. 计时、记录成绩。

三、垂直跳跃测试

功能：测试受试者的腿部爆发力。

方法：受试者靠墙站立，抬起一侧手臂直举过头顶，测量指尖最高点离地面距离，并用粉笔在墙上做记号。再次抬起手臂直举过头顶，向上跳，测量跳起最高点时指尖离地面的距离。然后测量两次标记间的距离（图 3-3）。测量最小单位为厘米。

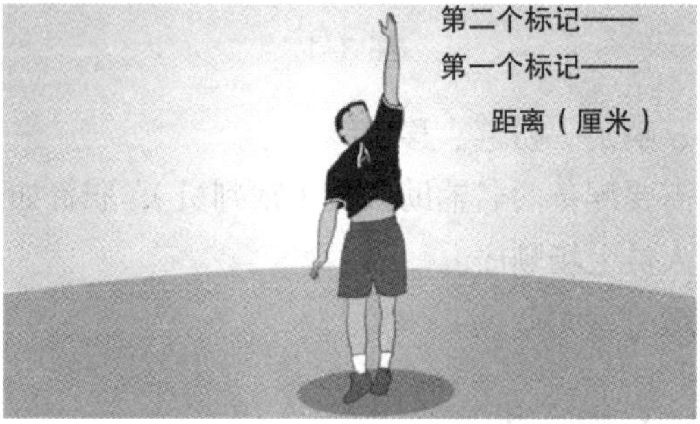

图 3–3

测量仪器：粉笔、尺子。

辅助人员：测试需要配备两名辅助人员（裁判员），职责如下。

1. 安排参加测试人员上场顺序。
2. 测量距离。
3. 将成绩记录在记录卡上。

四、侧向跳跃测试

功能： 测试受试者的协调性、灵敏性以及对身体的控制能力。

方法：

1. 将 1 个小栏架摆放在平坦的地面上，测试者站在栏侧。
2. 在发令开始后，侧向跳起过栏，再侧向跳回（图 3-4）。
3. 学生在跳动的过程中如有碰倒或踢到栏架的现象为步伐错误，重新开始。
4. 测试 30 秒内成功过栏的次数，从两次测试中选择较好成绩予以记录。

图 3-4

测量仪器： 尺子、小栏架、秒表。

辅助人员： 测试需要配备两名辅助人员（裁判员），职责如下。

1. 安排参加测试人员上场顺序。
2. 计时和记录成绩。

五、快速脚步移动测试

功能： 测试受试者的协调性、灵敏性、动作速率。

方法：

1. 将 2 个小栏架平行摆放在平坦的地面上，根据受试者的身高，2 个小栏架的间距为 50 ~ 70 厘米（图 3-5）。

2. 受试者侧向栏架站在栏架左外侧。当听到开始口令后，向右侧高抬腿依次过栏。

3. 当右腿跨过第二个栏架着地后，向左跨；当左腿跨过第二个栏架着地后，再向右跨。依次重复进行。

4. 左右脚往返两个栏架，回到起始位置。

5. 测试者在跑动的过程中如有碰倒或踢倒栏架的现象为步伐错误，要重新开始。

6. 测试 30 秒内成功过栏的次数，从两次测试中选择较好成绩予以记录。

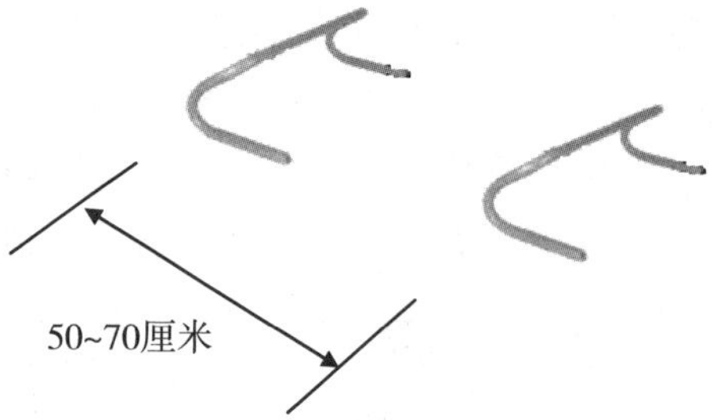

图 3–5

测量仪器：尺子、小栏架、秒表。

辅助人员：测试需要配备两名辅助人员（裁判员），职责如下。

1. 安排参加测试人员上场顺序。

2. 计时和记录成绩。

六、侧抛实心球测试

功能：测试受试者的身体的爆发力。

方法：

1. 受试者在测试线后，侧对投掷方向，两脚开立与肩同宽或比肩稍宽。两手持球于胸前。

2. 测试时，受试者双手持球，下蹲转体，扭转躯干，然后迅速蹬地、转身，两臂顺势用力将球抛出（图 3-6）。

3. 两脚不可超越测试线，否则成绩无效。

4. 左右侧各测试两次，取最好成绩，测量最小单位为厘米。

图 3–6

测试设备： 实心球、皮尺。

辅助人员： 测试需要配备两名辅助人员（裁判员），职责如下。

1. 安排参加测试人员上场顺序。

2. 测量实心球抛出的距离。

3. 将成绩记录在记录卡上。

七、跪抛实心球测试

功能： 测试受试者的上肢爆发力。

方法：

1. 受试者跪在垫上，面对投掷方向，背部直立，两小腿贴于地面，脚背向下，两手持球于头顶（图 3-7）。

2. 抛球时，臀部后倾，之后迅速向前上方抛球。

3. 抛球后两膝不可越过测试线，两手抛球后不得着地，否则成绩无效。

4. 测试两次，取最好成绩，测量最小单位为厘米。

图 3–7

测试设备：实心球、皮尺、垫子。

辅助人员：测试需要配备两名辅助人员（裁判员），职责如下。

1. 安排参加测试人员上场顺序。

2. 测量实心球抛出的距离。

3. 将成绩记录在记录卡上。

八、来回奔跑测试

功能：测试受试者的灵敏性和速度。

方法：

1. 受试者立于出发线后预备。

2. 听到“开始”口令后，即冲向中央标志点，循图 3-8 所示路线绕标志碟快速跑进。

3. 直至跑回出发线（终点）。

4. 记录受试者跑完一圈的时间，受试者每碰移 1 个标志碟扣 1/10 秒。

5. 记录两次成绩，取最好成绩。

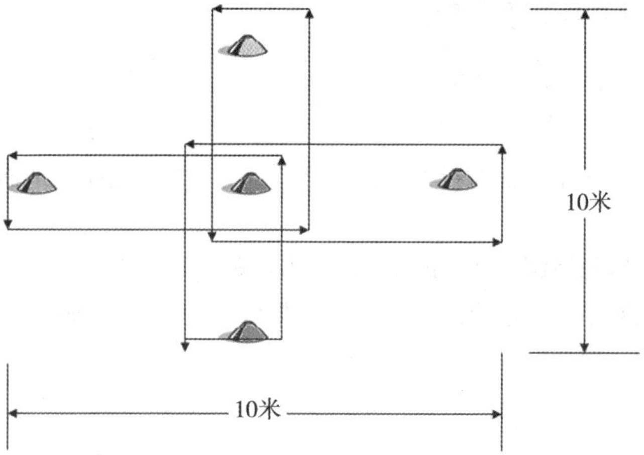

图 3–8

测量器材：秒表、标志碟 5 个 ，布置如图 3-8 所示，标志碟间距 5 米。

辅助人员：测试需要配备两名辅助人员（裁判员），职责如下。

1. 安排参加测试人员上场顺序。

2. 记录时间。

3. 如有标志碟碰移则将其摆回原位。

4. 将成绩记录在记录卡上。

九、20 米冲刺跑测试

功能：测试受试者的启动速度。

方法：

1. 受试者保持站立姿势开始，前脚靠近起跑线，听到“开始”口令后奋力冲向终点（图 3-9）。

2. 记录两次成绩，取最好成绩。

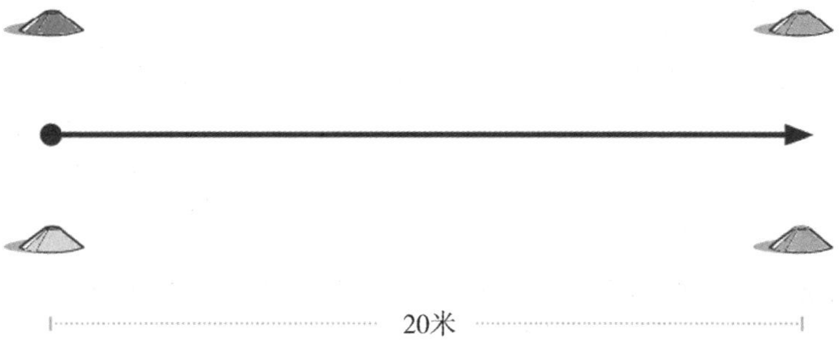

图 3–9

测试器材：标志碟、秒表、粉笔、皮尺。

辅助人员：测试需要配备两名辅助人员（裁判员），职责如下。

1. 安排参加测试人员上场顺序。

2. 记录时间。

3. 如有碰移标志碟则将其摆回原位。

4. 将成绩记录在记录卡上。

十、仿 YOYO 间歇跑测试

功能：测试耐力。

方法：

1. 测量 20 米跑程，并标出起跑线，在起跑线后测量 5 米并加以标记，为恢复区（图 3-10）。

2. 测试者保持起跑预备姿势静候指令，必须在信号提示后跑完该段（20 米往返）距离。

3. 完成一次往返跑后在恢复区内绕圈慢跑 10 秒。

4. 目标尽可能往返多次。

5. 记录往返次数为成绩。

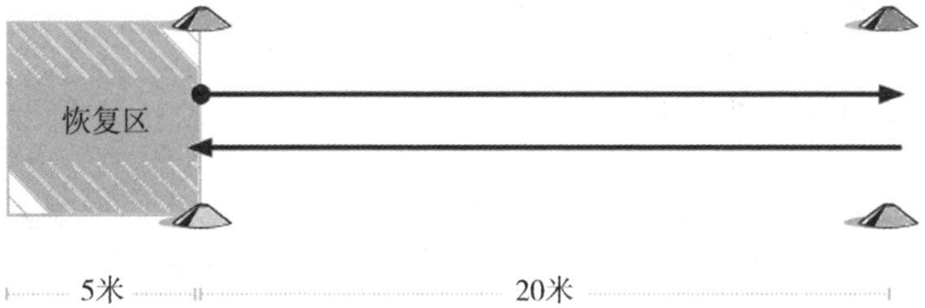

图 3–10

测试设备：标志碟、秒表、皮尺。

辅助人员：测试需要配备两名辅助人员（裁判员），职责如下。

1. 安排参加测试人员上场顺序。

2. 记录时间。

3. 将成绩记录在记录卡上。

参考文献

[1] 罗伯特·E. 麦卡蒂，杰夫 · 沙兰德 . 易化牵伸术：简便易学的 PNF 牵伸及力量训练 [M]. 第 3 版 . 矫玮，译审 . 北京：人民体育出版社，2010.

[2] 马克·科瓦克斯 . 动态拉伸训练：创新热身方法　提高肌肉力量　强化动作技术　增加动作幅度 [M]. 张长念，译 . 北京：北京体育大学出版社，2015.

[3] Jay R.Hoffman. 体能训练设计指南 [M]. 周志雄，译 . 北京：北京体育大学出版社，2015.

[4] Jay Dawes，Mark Roozen. 灵敏训练 [M]. 周建梅，译 . 北京：北京体育大学出版社，2015.

[5] 保罗·甘布尔 . 集体性项目的体能训练：高水平竞技运动的专项身体准备 [M]. 第 2 版 . 潘迎旭，译 . 北京：北京体育大学出版社，2015.

[6] Ben Reuter. 耐力训练 [M]. 石宏杰，译 . 北京：北京体育大学出版社，2015.

[7] 片平悦子 . 内脏伸展练习 [M]. 赵立群，译 . 南京：江苏凤凰科学技术出版社，2015.

[8] 阿什利·卡利姆 . 自重训练全书 [M]. 郭海龙，译 . 北京：北京科学技术出版社，2016.

[9] 杨博民，等 . 心理实验纲要 [M]. 北京：北京大学出版社，1991.

[10] 耿培新，梁国立 . 美国学校体育国家标准研究 [M]. 北京：人民教育出版社，2007.

[11] 尹军，袁守龙 . 身体运动功能训练 [M]. 北京：高等教育出版社，2015.

[12] 汪巧琴 . 初中生室内身体运动功能训练 [M]. 北京：北京体育大学出版社，2016.